信州青木村

慶太伝

立志編

根本 忠一

信州青木村に生まれ、東急の礎を築いた五島慶太※

明治32年（1899）
松本中学校在学中（左）。卒業後は代用教員として
青木村小学校に２年間勤務する。

明治28年（1895）
上田中学校在学中、13歳の小林慶太。
家から学校までの往復24キロの道の
りを、一日も休むことなく通った。

明治35年（1902）
20歳で上京し東京高等師範に入学（中央）。
写真は、生涯の友である大井新次郎（左）、
菰田万一郎（右）とともに。※

明治39年（1906）
四日市商業学校で教鞭を執る（中央）。
しかし尽きぬ向学心から、この翌年24歳で
東京帝国大学に入学する。※

明治45年（1912）
30歳のときに久米万千代と結婚し、
五島姓を名乗る。
この翌年、農商務省から鉄道院に転じる。

大正12 年（1923）
万千代一周忌にて。
最愛の妻は、慶太が鉄道院を退官し実業界に
入った直後、四人の子どもを残し逝去した。

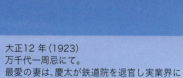

ありし日の慶太の生家。
慶太の生まれ育った家は、当時の面影を残したまま保管され、殿戸区の集落の一番上から青木村を見守っていた。

平成30年（2018）8月14日、
落雷により生家が消失。奇しくもその日は、慶太の60回忌にあたる命日だった。

令和2年(2020) 4月18日、
慶太の功績を伝え、さらなる未来につなげる場所として、五島慶太未来創造館が開館。

令和5年（2023）4月18日、
生家跡地に東急グループの研修施設「慶太塾」が開塾。外観・内観ともにかつての生家を復元した建物となっており、慶太の事業哲学の原点を感じることができる。※

※提供：東急㈱

ご挨拶

長野県　青木村長

北村政夫

五島慶太翁60回目の命日である平成30年（２０１８）８月14日、慶太翁の生家が落雷により焼失したあの日、すべての歯車が音を立てて動き出しました。

あれからこんな短期間のうちに、失った五島慶太翁顕彰事業の聖地を復元できましたのも、慶太翁が繋ぐご縁により多くの人々の熱意が結集し、ご尽力をいただいたおかげであります。ピンチをチャンスに変え、逆境を幾度と乗り越えてきた慶太翁の真骨頂を見た思いがいたします。

なぜ小さな青木村から五島（旧姓　小林）慶太という人物が出現したのでしょうか。その頃、江戸から明治へと時代は大きく変革しました。田舎の農家の出身であっても博士や大臣になれる希望が見えてきたのです。また、小さな山村ながら青木村には多くの寺小屋が存在し、当時では珍しく女子児童が学べる機会もありました。村では紙すきも盛んで、紙に記録する、文字を紙に書くということが生活に根付いており、教育環境が整っていたという事実もあります。

時を同じくして、青木村から明治15年（1882）生まれの偉人が他にお2人いらっしゃいます。宮原清《みやはらきよし》翁〔明治15年（1882）12月4日－昭和38年（1963）10月16日〕は、旧制上田中学から慶應義塾大学に進み、第1回の早慶戦では慶應の野球部主将として活躍し、その後実業界で活躍する傍らアマチュア野球と社会人野球の振興に尽力され、昭和39年（1964）に野球殿堂入りを果たしております。また、宮原清翁は、慶太翁の事業の師匠でもある小林一三《こばやしいちぞう》翁とも関係が深く、小林一三翁が運営する阪急文化財団の運営にも携わられたとお聞きしております。

そしてもう一人、「慶太伝」にも登場いたします慶太翁の親友である菰田《こもだ》（旧姓 早川）万一郎《まんいちろう》翁〔明治15年（1882）11月9日－昭和14年（1939）3月6日〕は教育界で活躍し、東京帝国大学卒業後、旧制松山高等学校、旧制第四高等学校で校長を務め、在職中に他界されました。慶太翁は、「嗣子惟信君は、小生の関係する会社に奉職し、私が親代わりになって面倒をみるから安心せられよ。」と弔辞を述べています。その菰田惟信《こもだこれのぶ》さんは東急運輸の社長に、そしてお孫さんである菰田正信《こもだまさのぶ》さんは三井不動産代表取締役会長に就任しておられます。

偶然というにはあまりにも不思議な同年代の3人の誕生は、時代背景や環境のせいだけではない気がして、この謎については今後、五島慶太未来創造館を中心に調査研究を進めたいと考えております。これまでの伝記にはあまり無かった幼少期から青年期までの青木村時代を中心に描かれた「慶太伝」から、五島慶太という人物の形成に青木村の風土がどのような影響を与えたのかなど、それぞれに想いを巡らせていただければと存じます。

私が初めて五島美術館を訪れた時のこと、慶太翁が手に取って眺めたであろう美術品はもちろん、庭園に配置されたたくさんの石仏に目を奪われました。記憶の引き出しが少し開いた気がしました。青木村の隣接地にある「修那羅山安宮神社《しゅならさんやすみや》」の周りにはおよそ800体の石神仏群が立ち並んでいます。青木村を含む近隣の住民が、庶民の祈りや願いを込めて江戸時代中期～昭和40年代に奉納されたと思われ、その異様な造形は独特の雰囲気を醸し出しています。鉄道事業の際に引き取った石仏を庭園に安置した慶太翁も、若かりし頃修那羅の石仏を見ていたのではないだろうか、一つひとつどんな思いを込めて置いたのだろうか、石仏を通して故郷と繋がっていたのではないか、そんな想像をしながら楽しいひと時を過ごしたのでした。

令和5年（2023）8月4日から9日にかけて信濃毎日新聞へ、「五島慶太－青木村と東急－」（全4回）が掲載されました。その得心がいく毅然とした文章を読んだ時、青木村で慶太翁の伝記をつくるならこの方に執筆をお願いしようと即断いたしました。メンタルヘルスを専門とする根本忠一先生は福島県いわき市のご出身で、慶太翁にも青木村にも全く関係性が無かったわけですが、慶太翁に導かれる形でお引き受けいただくことができました。本業がある中、執筆の時間を割いていただくとともに、持ち前の行動力で10数回に渡り青木村を中心に長野県内津々浦々真実を求めて訪ね歩き、「慶太伝」を執筆いただきました。

私はこの本を、巣立ちゆく青木中学3年生に卒業の記念品として毎年お贈りしたいと考えております。それがこの本をつくった大きな目的のひとつです。少子化の中で子どもの数は残念ながら減少傾向ではありますが、未来に向けて大きな夢を抱くきっかけとして、そして今はまだ難しくても、成長する過程で少しずつ理解を深めながら、人生の拠り所としていただければ嬉しく思います。

今こうして「慶太伝」を手に取ってみて私は、青木村に生まれたこと、Uターンして村長になったこと、慶太翁の顕彰活動を始めたこと、東急さんとの様々な出会い、生家の焼失さえも、これらの偶然に思えるできごとはすべてが必然であったと思えるのです。巡り会うべくして巡り会ったかけがえのない人々に、起こるべくして起こった難題の数々にもありがとうと申し上げたい、そして、少し長く生きた老輩から若者へ「Be ambitious！（ビー・アンビシャス）」と伝えたいのです。

結びに、執筆をいただきました根本忠一先生に心から感謝申し上げるとともに、「慶太伝」の編纂にご協力をいただいたすべての皆さまに厚く御礼申し上げます。

令和7年（2025）3月

「慶太伝」推薦の辞

東急グループ代表
野本弘文

五島慶太翁は、日本資本主義の父と謳われた渋沢栄一翁のまちづくりの理念を実現するべく、1922年に設立された目黒蒲田電鉄の経営に携わり、以来、その卓越した構想力と実行力により、鉄道・バスとまちづくりを一体とする事業を基盤に、まちに住む方々の利便性を第一に考え、建設、リテール・生活サービス、ホテル・レジャー、そして学校法人や文化・環境関連にいたる幅広い分野において事業を展開し、現在の東急グループの礎を築かれました。

　その慶太翁の60回目の祥月命日にあたる２０１８年8月14日、生家が落雷で焼失したという報を受けました。私が東急の会長に就任した直後であり、「経営を担う者としての使命を果たせているのか」と慶太翁から問われているように感じました。私自身はかねてより慶太翁の「新旧一如」そして「真・善・美」という言葉を大切にしておりました。この意味するところは、物事を判断する上で大切なことは、「新しいか、古いか」ではなく、「正しいか、正しくないか」「よいか、よろしくないか」「役に立つか、立たないか」である、ということで、経営において正しい判断を行うための本質をとらえた言葉として、外部の講演などでもご紹介することもありました。一方でグループの従業員に対しては伝えきれていないのではないかと思い至りました。ちょうど東急グループは２０２２年に創立１００周年を控えており、慶太翁の創業の思いをこれからの１００年に引き継いでいかなければという思いを強くしました。

　２０２３年、その生家の跡地に焼け残った建材なども活用し、慶太翁が若き日を過ごした当時の姿をできる限り再現し、東急グループ慶太塾を開塾しました。グループの経営者から新入社員まで、慶太翁が生まれ育った青木村の環境、空気に触れながら、慶太翁がどのような思いで事業を起こし、拡げてきたのか、その創業者精神の原点を感じ取り、学び、語りあえる場にしたいと思っています。

慶太翁が77歳の喜寿の祝いに書き下ろした「事業を生かす人」という著書を、慶太翁の没後に再編集して発行した際、慶太翁の長男である五島昇社長（当時）がまえがきにこのように記しています。

「ふるくから、不忘初心（はじめの心をわすれず）、温故知新（ふるきをたずねて、新しきを知る）、尊本敬始（もとをとおとび、はじめをうやまう）という教えがある。私は、いまこそ、希望に燃えたこの時に、各自が一生をかけて働こうとす（る）事業（原文：働こうとす事業）や、その職場を築いてくれた創業者の教えをかみしめ、改めて決意と覚悟を固めることが大切であると信じ編集させることにした。」

日本には100年を超える歴史を持つ企業は多くありますが、創業の思いを引き継いでいる方は案外に少ないのではないかと思います。企業が継続し、発展していくためには、歴史を学び、創業の思いに立ち返り、それを後世に引き継いでいくことが必要であると改めて感じております。

結びに、本書の発刊にあたり、長野県青木村北村政夫村長、執筆主幹の根本忠一先生に深く敬意を表したいと思います。根本先生は十数回に亘り青木村を訪れて、多くの方々への聞き取りと、慶太翁が上田中学への通学で毎日歩いた往復６里の道のりをはじめとする足跡をくまなく辿られました。「慶太伝」には慶太翁の創業者精神を育んだ原点に対する深い考察が裏打ちされているものと思います。

本書をお読みの皆様にも、慶太翁が生まれ育った当時の青木村の景色に思いを馳せていただき、いかにして創業者精神が育まれたのか、そしてその精神を引き継ぐことの大切さを少しでも感じていただければ幸甚に存じます。

「慶太伝」立志編に寄せて

長野県知事

阿部守一

五島慶太氏は、鉄道整備や沿線開発、観光事業など多岐にわたる偉業を成し遂げた日本を代表する実業家です。公職からビジネス界に転じ、都市開発事業はもとより、教育事業にも大きな足跡を残しています。もしも浅井洌氏による「信濃の国」（明治32年（1899）作）が、戦後に作詞されていたなら、立志伝中の偉人として五島慶太の名前も登場したのではないでしょうか。

長野県における五島慶太の功績を知る歴史的遺産のひとつに、新幹線飯山駅南口の「五島慶太翁碑」があります。明治初頭、千曲川の通船物流の拠点として繁栄中の飯山は、鉄道の誘致運動に加わらず、明治21年（1888）に信越線（直江津～軽井沢）が開通すると人や物の流れが激変、経済的に大きな打撃を受けます。日本有数の豪雪地帯である飯山地域にとって鉄道の敷設は悲願となり、その後、新潟県側と連携して鉄道の誘致運動を展開しますが、経済恐慌もあり、大正6年（1917）にようやく飯山鉄道㈱として具現化、その創立に尽力したのが、当時内閣鉄道院にいた五島慶太でした。その後、昭和初期の大不況のピンチも、運輸通信大臣の五島慶太が後ろ盾となり、国営化による救済を行います。さらに、上田温泉軌道㈱（のちの上田電鉄㈱）の設立にも尽力されました。

また、代用教員や英語教師の経歴を持つ五島慶太は、教育への強い関心と情熱を持っていました。国の繁栄と産業発展のためには、人材育成が何より重要と考え、東横線沿線の慶應義塾大学や東京工業大学の誘致に加え、自ら亜細亜大学や武蔵工業大学（現東京都市大学）の経営にあたりました。長野県内では、信州電波専門学校の経営を引き受け、信州工業高等学校（現在の東京都市大学塩尻高等学校）として再出発させました。同校の庭には、「五島慶太翁夙に育英に志あり」との建立趣意文が添えられた胸像が、生徒たちの学びを見守り続けています。

さて、令和6年（2024）11月、荻原健司長野市長とともに、東急百貨店はじめ多くの事業を展開されている東急グループの野本弘文代表と中心市街地の活性化について懇談し、令和7年（2025）2月18日には、東急㈱堀江正博社長と長野県との間で、未来を見据えた持続的な地域社会の発展を目指す「包括連携協定」を締結しました。五島慶太の志を引き継ぐべく、地域の魅力発信、公共交通の活性化、まちづくりなどに取り組んでまいります。

世界は今80年周期の大変革期にあるといわれています。終戦直後65歳で公職追放指定を受けた五島慶太は、追放解除とともに東京急行電鉄取締役会長に復帰、間もなく東映の再建、東急不動産の設立、観光開発など数多くの大変革に挑戦し、日本の復興・発展に寄与されました。公職追放されていた四年間、五島慶太は何を思い描いていたのでしょうか。折しも同年齢を迎える私自身もその精神を本書に学び、長野県知事として、平和でゆたかな長野県づくりに全力を尽くし、未来への希望を育んでまいりたいと存じます。

むすびに執筆主幹の根本忠一さん、上梓を支援された青木村長の北村政夫さん、信毎書籍出版センターはじめ関係者の皆様に敬意と感謝を申し上げますとともに、青木村と東急グループの益々のご発展を祈念申し上げ、発刊に寄せるご挨拶といたします。

（※五島慶太氏の敬称を略させていただきました。）

発刊に寄せて

信濃毎日新聞社 代表取締役専務

畑谷広治

東急グループの創始者五島慶太の実業家としての業績や経営哲学を伝える書は、これまでも数多く出ています。ですが、生まれ育った信州の山村、青木村を舞台の中心に据えて若き日々を描いた伝記は、おそらく初めてです。

発刊につながったのは2018年8月14日夕刻、慶太60回目の命日に起きた生家への落雷でした。運命的な出来事に、後にキーパーソンとなる方々が強い衝撃を受けたのです。

もっと慶太の偉大さを伝えて村の子どもたちに希望や元気を与えたいと願っていた村長の北村政夫さん。小学生の頃、飯山市の自宅で見つけた父親の一冊の本「信州の人脈」（信濃毎日新聞社編）で五島慶太の章を読み、後に東急グループに就職、重責を担う中で故郷への想いを強めていた東急常務執行役員の但馬英俊さん。その但馬さんと出会って取材が始まり、2023年夏に信濃毎日新聞で「五島慶太　青木村と東急」を連載された本書執筆主幹の根本忠一さん…。

根本さんとは出会って30年になります。1996年、日本の高度成長を支えた年功序列、終身雇用が崩れ始めていた頃でした。その先の働き方を考えようとチームで取材を進める中で、現在の日本生産性本部でメンタルヘルスを研究されていた根本さんを知りました。以来、働きがいとは何か、働き手の心の健康が会社経営にいかに重要かといった命題でご意見を伺い、折に触れて評論やコラムをお願いしてきました。働く人々の心、組織や企業社会の有りように対する確かな調査に基づいた分析と洞察は、多くの読者の信頼を得ています。

先日、但馬さんから執筆を巡るエピソードをお聞きし、胸を打たれました。根本さんは帰宅後も、深夜まで調べ事や執筆に打ち込む日が続いたようです。その時は着替えをせず仕事の格好のままでパソコンに向かいました、と。「背筋を伸ばし、居住まいを正さないと慶太に申し訳ないから」。そう話されたそうです。毎日毎夜、居住まいを正して慶太の背中を見つめ、時に対話しながら物語を紡いでいったのだと思います。

本編では、とりわけ後半、慶太の生き様を通して今の時代や未来に学んでほしいことへの熱い語りが始まります。根本さんの幅広く深い知見、構想する力、そして語る力が存分に発揮される真骨頂の終盤です。

若干のネタバレをお許しいただくと、明治30年代に信毎で主筆として論陣を張った山路愛山の論説を引いて、慶太の成長と重ねていくシーンもあります。「今においてもその愛山の系譜を踏む信濃毎日新聞の記者たちに妥協なき気骨と熱い魂を感じることが少なくない」と過分なエールも添えられており、大変恐縮しています。

さて、物語は結末へ。「夕立と騒動は青木から」という言い伝えがある村で、落雷の後に訪れる願いとは…。運命の落雷がなぜ慶太を知る人々に次々とシンクロし、今も新たな共鳴を続けているのか。謎解きに向けて、根本さんが精魂込めて語り上げた慶太伝をゆっくり、ゆっくりと読み進めていただければ幸いです。

まえがき

「信濃道《しなのじ》は今の墾道《はりみち》刈株《かりばね》に足踏ましなむ履《くつ》はけわが背」

万葉集を代表するひとつのこの歌は、松本と青木村をつなぐ東山道の保福寺峠《ほうふくじとうげ》を越えてゆく防人の夫を思う妻が詠んだといわれている。信州の山あいにたたずむ青木村は早くから都とつながり東山道の要衝として、中央の文化の影響を大きく受け歴史を刻んできた。この地で近代の大事業家五島慶太が生まれたことは果たして必然なのかそれとも偶然なのか。

これまでにも多くの伝記が書かれてきたが、華々しい事業的成功やその強引と見紛う経営手法に力点が置かれ、どちらかと言えばその成功に目がとまり、目的のために手段を択ばない強烈な個性の持ち主のように描かれることがしばしばある。

現代は変化とスピードの時代、毎日が「上書き」を繰り返し、日々味わう喜び、感動や悲しみ、落胆を振り返る余裕もない。ゆえに自分自身が生身の身体をもって生き、汗や涙を流しながら現実を生きている実感などいともたやすく奪われてしまう。自分の生の実感を愛おしまなければ、それを俯瞰して歴史から教訓を得てそれを未来につなぐという発想は否応なく乏しくなる。戦後民主主義教育の影響もあるだろうが、今の日本は私たち自身の歴史を学ぶことの価値を軽んじ、それを単なる事実・知識の吸収と高をくってはいないだろうか。それは同時に私たち後世に生きる者を思い、歴史を築いてくれた人々の苦悩や志を学ぶ機会であることをも軽んじているようにも映る。

昭和35年（1960）発刊の『五島慶太の追想』において、松竹創業者大谷竹次郎《おおたにたけじろう》は慶太翁の死に接し、「人生の評価は棺を蓋うてこと定る。一年や二年で真の価値は分かるものではなく、二十年なり三十年なりの後世の史家に任せるのが本当だ、と思う。」と思いを寄せた。

あれから60余年の歳月が流れ、我々は生身の五島慶太を知らない。しかし近くにいれば当然の無意識としてのひいき目が先に立ち、五島慶太の実像を逆に捉えられないかもしれない。このたびの執筆の栄誉をいただき、丹念に文献を調べ、青木村の伝承を尋ね、数少ない生き証人の伝え聞きによって、人間的な損得勘定や下世話な勘ぐりを越えた五島慶太の実像にたどり着けると信じたい。

「古人の跡を求めず、古人の求めしところを求めよ」は俳人松尾芭蕉の言葉と言われているが、もともとは空海の言葉だという。この書において五島慶太の生きた軌跡や事業的成功を単に事実として描くのではなく、五島慶太の人間としての本性に迫り、どのような環境の中で彼が育ち、どのような成長を遂げたか、本人の苦悩や葛藤にも目を向けそれを検証できれば、誇張のない等身大の人間五島慶太を知ることが出来、それは今を生きる私たちに少なからぬヒントを与えてくれるはずである。そこに目的を置きたい。

それは、五島慶太にゆかりがある、関係する人たちのためだけではなく、五島慶太を知らない人々に五島慶太を知っていただき、青木村の外に第二・第三の五島慶太が生まれることを期してのことである。

そうした思いを巡らしていると、話は大きくなるが、五島慶太が何を求めたかをあらためて追想することで、出口の見えない混迷の渦中にある我が国の企業の在り方、経営者の在り方が見えてくるような気がする。現代を生きる経営者自身、五島慶太のごとき骨太の事業家を自負する経営者はそう多くはない。多くががんじがらめの制約の中で答えのない現実をどう生きるか、それだけを必死に己に問うているように思える。そこに一条でも光を見出せる文章を綴れないか、不遜と言われようが私自身の筆の責任を思うわけである。

そしてもうひとつは次の世代の問題である。近代以降、私たちや父母の世代は豊かさを求め経済を発展させた。しかしその代償として、環境問題、資源問題、貧困問題、国の財政問題、豊かさのもたらした人間疎外など、数々の負の遺産を遺してしまったように思う。それの宿題を託さざるをえない後世を生きる子どもたちに、今、私たちに何ができるだろうか、そんなことを本気で考えてしまう。ここにもし五島慶太がいたら今の時代にどう立ち向かっていっただろうか、やはり貧しきものを助け、教育の重要性を訴え続けたのだろうか。

五島慶太に学ぶ、それこそが人間五島慶太への最大の敬意のあらわれでないかと思う。この書は青木村の人々が郷土の英雄五島慶太を単に賞賛し顕彰することを目的としていないことを青木村の人々の名誉にかけてあらためて誓いたい。淀みにはまった現代社会の様々な問題を克服するために「熱と誠」に生きた五島慶太の軌跡を追うことで道を切り拓けるのではないかと未来への希望を託しこの書を制作しようとした人々がここにいることを覚えてほしい。

執筆にあたり、私をサポートしてくれる良き仲間と巡り逢えた。私自身一年前は縁もゆかりもない青木村にまるで慶太翁のとりなしに導かれるように奇跡でつながったことを否定できない。そしてこの仲間たちもこの邂逅《かいこう》を待っていたであろうことをひしひしと感じる。仲間の祈りとともに歴史のバトンをつなぐ者の使命として人間五島慶太の物語をこの書を手に取る皆さまに届けたいと思う。

信州青木村　慶太伝　立志編

もくじ

第1章

朝靄《もや》の青木村

五島慶太、その生地青木村の地勢と歴史

第1章

五島慶太、その生地青木村の地勢と歴史

青木村は長野県のほぼ中央に位置する。村の面積の約8割を山林が占め、農用地は約1割に過ぎない。北、西、南の三方をなだらかながらも千メートルを超える山々に囲まれ、そこを水源とする阿鳥川《あとりがわ》、田沢川《たざわがわ》、湯川《ゆがわ》、沓掛川《くつかけがわ》等が浦野川でひとつになって東に下りやがて千曲川と合流する。流域にはホタルが今も自生し、沓掛川のさらに上流の湯川にはカワゲラやサンショウウオが生息する。浦野川によって形成された河岸段丘は慶太翁の幼年期は水田と桑畑であったが、今は水田と大豆、麦、そして平成以降村の特産となったタチアカネのそば畑になっている。

青木村は信州にあっては比較的雪が少ない。年間降水量は内陸性気候のため少なく、そのかわり夏が暑く冬が寒い。長野といえば想像しがちな冷涼な高原というよりは寒暖差の激しい盆地の気候である。

青木村には日本の懐かしい原風景を髣髴《ほうふつ》させる里山がそこかしこに見られる。しかしう

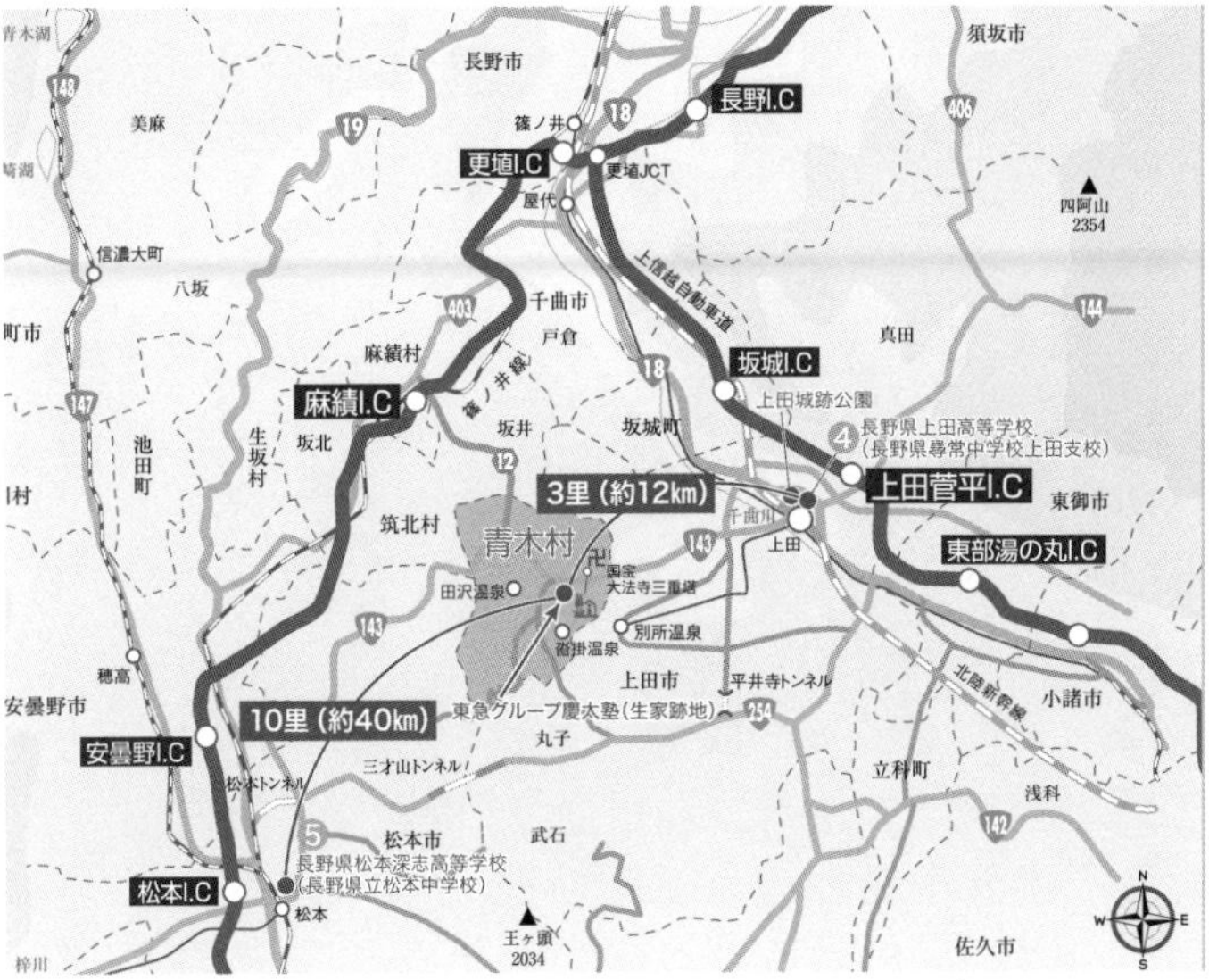

青木村位置図

らぶれた寒村のイメージには遠い。今の家々も伝統を残しつつ現代建築の粋を凝らした瀟《しょう》洒《しゃ》な家屋も少なくない。「村」と名がつくも大きな公園や活気あふれる道の駅、図書館をはじめとする文化施設もあり、そこで出会う人たちの多くは気さくで明るく、背筋を伸ばしここで生きていくことに覚悟を決めたかのようである。全国の山村の過疎化が進む中で青木村の人々の胎《はら》の座り方がどことなく伝わりひとりほくそ笑みたくなる。

青木三山のひとつ子檀嶺岳《こまゆみだけ》（標高１２２３ｍ）から見下ろすと、青木村は、市街地の広がる上田盆地を遠望しつつ、まるでここだけが外界から隔たって独立した国のようにみえる。平成の大合併を拒否した理由は地勢的に

保福寺峠に残る東山道跡

見てもなるほどと合点がゆく。「夕立と騒動は青木から」と昔から言われていたが、自他ともに認める独立した気風・気概が育まれ、その独立・自治を髣髴させる土地柄は少なからず慶太翁に影響を与えたことは疑いない。

青木村の歴史を紐解くにあたり、欠かすことのできないのが東山道と大法寺《だいほうじ》、そして義《ぎ》民《みん》である。東山道は律令の時代に起源を遡《さかのぼ》る重要な幹線道路である。近江の国から陸奥の国府多賀城に至る政治的・軍事的に重要な役割を担う。いざとなれば信濃の国から都の警護のために兵を送り、その一方では全国平定のための都から奥州へ兵を供給する大動脈としての機能を有していた。

江戸中期以降は政治・軍事というよりも交易が重視されとくに江戸を中心として街道が整備され、中山道もその一つであった。歴史ある東山道は鉄道が整備されるまでは上田と松本を結ぶ幹線道路としてその後も機能した。中央本線が全通する前の明治期は、東京から松本に入る場合、信越本線で上田まで来て、徒歩または人力車で険しい保福寺峠を越えて松本まで入る必要があった。

日本近代登山の父ウォルター・ウェストンもそのひとり、明治24年（1891）に上田から松本に向かう途中、保福寺峠に差し掛かった時に日本アルプスの美しさに魅了された。「四五〇〇フィートの峠（実際の高さは1345m）の峰に着いたのは午後六時。尾根の窪みの左側に小さな円丘があって、その上に立つととつぜん目の前に憧れの大山脈が姿を現した。まったく予期しない眺望の展開だったから、そのすばらしさにただただ驚くばかりだった。……日本のマッターホルンともいうべき槍ヶ岳や、ペニン・アルプスの女王ワイスホルンを小さくしたような、優美な三角形の常念岳、それからはるか南にどっしりとした乗鞍岳の双子峰。それぞれ特徴のある山の姿が私の目にやきついた。」（『日本アルプスの登山と探検』ウォルター・ウェストン著、青木枝朗訳／岩波書店、1997）と記す。それを記念する「ウォルター・ウェストン日本アルプス絶賛の碑」が峠の上に今も立っ

国宝　大法寺三重塔

ている。

松本から東山道の難所保福寺峠《ほうふくじとうげ》を越えれば、飛鳥平安の時代から続く田沢、沓掛という歴史ある古湯《ことう》がある。東山道を行き交う旅人がそこで疲れを癒したであろうことは想像に難くない。慶太翁も当地の温泉に入っていたことは数々の伝記に書いてある。

長野県には国宝が10あるが、その中で仏教寺院関係は、長野市の善光寺本堂、上田市の安楽寺《あんらくじ》八角三重塔、青木村の大法寺三重塔の3つである。

大法寺は飛鳥時代の大宝年間（701～704年）に藤原鎌足の長男定恵によって開山された名刹である。近くを通る東山道の浦《うら》野駅《のうまや》の駅寺として建てられたのが始まりとされている。平安初期の大同年間（８０６年～８１０年）には、坂上田村麻呂の戦勝祈願から天台宗座主・義真により再興が図られた。これらの史実は都との親密な関係を物語っている。

大法寺三重塔は鎌倉時代から南北朝時代に至る正慶2年（１３３３）大阪市天王寺の宮大工、大巧四郎を招き建立したことが調査で明らかになった。檜皮葺三層の屋根は、まるで空を舞う鳥の羽のようにのびのびと広がり、初重を大きく取り上層に行くに従い小さくする構造をとることで絶妙なバランスを見せ、それは奈良や京都の建築物に引けを取ることはない。荘重で崇高なその姿は東山道を旅する者を魅了し、「見返りの塔」と今も呼ばれている。慶太翁の生家からも遠くその姿を望むことが出来る。果たして慶太翁はどんな思いでこの塔を見ていたのであろうか。

青木村の村民憲章に「青木村は温泉と古塔に象徴される自然と、古い文化に恵まれた美しい村です。正義と郷土愛に献身した先人を誇りに、さらに清新にして明るく豊かな村にするために、この憲章を定めます」とある。青木村の歴史研究家清水利益《しみずとしみつ》氏（青木村の義民研究家）はそれについて「村づくりの基本理念として広く村民の心に沁み込んでおり、

百姓一揆の様子

この村の正義感や反骨精神が現代も脈々と受け継がれて、今の村民性に根付いている」（『青木村義民史 反骨の群像』清水利益編集、2004）と評する。

一揆が起こった江戸後期から明治初期までの間の社会背景として、武士の収入は俸禄という固定給であり基本的に今でいう「年俸制」であった。それに対して農民は自然相手の出来高による変動所得である。江戸時代は五公五民、米においては半分を年貢として納めねばならない。冷害や干ばつ等飢饉が起こった時にその所得システムの違いは問題を露呈させそれが互いにとって死活問題となる。推測ではあるが、青木村の農民がやたら「義」（正しさ）を振りかざしたとは思えない。「正義」

宝暦義民の浅《あさ》之《の》丞《じょう》・半平《はんぺい》の墓
青木村では百姓一揆の首謀者を「義民」として奉ってきた

を根拠とするいさかいは禍根《かこん》を残すことは自明であることは多少の知恵があればわかりきったことである。そこにわいろや不正がなく、多少なりとも「情」が働けば、やすやすと一揆は起きなかったのかもしれない。まして封建社会においては権力による不条理に屈することは、生きていくためには避けられない「泣き寝入り」であった。しかし青木村だけ一揆が目立ったというのは青木村の人たちは不正を見抜く知性と義心を有し、人として踏《ふ》みおこなうべき正しさ「義」に訴えざるを得ない、やむにやまれぬ状況になったのだろう。自分たちの存在証明をかけて命を賭して義民が一揆を起こしたことをこの地の人々が語り継ぐことそれ自体に「義」がある。

明治2年（1869）の一揆「世直し騒動」のあと明治15年（1882）に生まれた慶太翁には、それを直接見聞きした人々から話を聞き少なからず影響を受けたことは間違いない。五島慶太が伝記などで義民について多くを語っているわけではないが、信仰が厚く先祖を敬う両親の下で「義」の大切さを学ばなかったはずはない。それも少なからず影響を受けているはずである。それがなければ生まれ育った地元の殿戸《との ど》地区に公民館を寄贈するはずなどないだろう。公民館が集落の人々の心をひとつにすることの重要拠点であることを読んでいたように思う。

殿戸に限らず、歴史を重んじ、先人を敬うという気質が青木村は特に強い。貧しい中で集落を共同体として生きなければならない、厳しい環境下で「生きる」ということを突き詰めるとそこに思想・哲学が生まれ、それが共同体としての絆となる。

天和2年（1682）の増田与兵衛事件から300年、天和の義民を顕彰して、昭和57年（1982）に義民太鼓がつくられた。義民太鼓保存会会長の宮入貞嘉さんによると、「他の太鼓集団と違い、歴史を伝えるストーリー性を持っていることが唯一無二だ」という。海外で公演するとアメリカでは反応が芳しくないが、ヨーロッパでは反応がとてもいいという。革命の歴史を有するヨーロッパの国々は義民太鼓が何を伝えようとしているのかそ

青木村義民太鼓

れを自分たちの歴史に重ね合わせて理解できるのであろう。義民太鼓はもしかすると彼らにとってのレ・ミゼラブルかもしれない。それに対してエンターテイメントを文化とするアメリカではそこまでは見てもらえないのかもしれない。

百姓一揆は貧しさだけで起こるものではない。「義」の力も大きいが、「貧しさ」と「義」だけで世の中を変えられるわけがない。現代の貧困問題を見ればそれは明らかである。自分たちが追い詰められた時にそこで絶望せずに未来を信じ、自分を賭して変革にかけるには集団のエネルギーが凝縮され結束が生まれる必要がある。意思の結束は言葉によってつ

江戸末期から明治にかけての青木村の寺子屋（家塾）件数・生徒数

所在地	当郷	当郷	当郷	当郷	当郷	当郷	田沢村	田沢村	田沢村	田沢村	村松郷	村松郷
生徒数												
男	150	150	50	70	25	24	220	226	34	16	20	44
女		18					3	20		5	1	11
創置年	1808年	1842年	1850年	1853年	1854年	1858年	1758年	1761年	1859年	1862年	1861年	1869年

所在地	奈良本村	奈良本村	奈良本村	奈良本村	沓掛村	沓掛村	沓掛村	夫神村	夫神村	殿戸村	殿戸村
生徒数											
男	9	12	30	40	18	20	5	46	13	45	36
女	4	2	1		2	4	1	3		2	1
創置年	1849年	1850年	1851年	1861年	1849年	1862年	1865年	1839年	1864年	1832年	1858年

寺子屋数　23カ所
生徒数（男）1,212人
生徒数（女）　71人

「長野県史」「小県郡史」「（青木小学校）百年の歩み」「青木村誌　歴史編下」を参照して著者（根本）作成

ながりそこで「知性」が重要な役割を担う。必要とされるのは、教育水準の高さと情報の共有である。

　ここに興味深い事実がある。そもそも人口当たりの寺子屋の数は信州自体が比率的に江戸よりも多いことは知られているが実は当時の青木村の教育水準はほかの地域に比べて高かったのである。江戸末期から明治初期にかけて小さな青木村には23もの寺子屋があり、慶太翁の生まれた殿戸集落にも二つの寺子屋があった。

　青木村村誌によると寺子屋は「学問を奨励するだけでなく、地域で生きていく人間を育成するという面ももっていた」とある。子どもたちにとって学ぶことは生きることなのである。

それとともに重要なのが「紙」が生活に入り込んでいることである。江戸時代、上田藩領内で紙漉き農家の比率が４・７％に対し青木村全体でなんと34・７％を占めた。そもそも和紙は建具や灯りとり、傘やうちわ、扇子などの生活に必要な素材ではあるが、さらには書物や手紙などの記録と意思疎通に不可欠な素材である。紙が身近にあるということは、西欧における活版印刷を発明したグーテンベルグと宗教改革の関係をみても非常に重要な意味を持つことがわかる。大正10年（１９２１）に発刊された青木時報が長野の村々の時報発刊の先駆けとなったことは村民の識字率の高さと社会の動きへの関心の高さを見て取れる。ちなみにその創刊号にこう記され、ここに「知」への畏敬の念を垣間見ることが出来る。

「吾々は自己の生活をよりよくするために、先づ最も近い社会の団体としての村を愛さねばならない、理解せねばならない。理解するためには知る事である、理解せしめるためには知らせることである」

「夕立と騒動は青木から」という言葉を先に紹介したが、その言葉の含意を紐解くと、それを言った人たちは外から青木村を見て、ちょっと厄介に思っているふしはある。がけっして敵意を感じさせるものではなく、かと言って好意的というわけでもない。青木村が政治や交易の中心ではないことからそのような物言いが生まれたのではないだろうか。実はその周囲との物理的・心理的距離感こそが、青木村が周囲と競わず、周囲の目を気にせず、地勢的にも山に囲まれ隔絶した中で自分たちが生きてゆくすべをつかもうとする独自の文化を形づくったと思われる。「ノーマークの優位性」が青木村を青木村足らしめたように思える。さらにそれは慶太翁にも通じ、そこに不動の信念と忍耐力が加わることで、「ノーマーク」が「孤高」に昇華し、五島慶太を五島慶太足らしめたのではないだろうか。

第2章

ありし日の慶太の生家

生誕から
小学校まで、
志の揺籃《ようらん》はここに

第2章

生誕から小学校まで、志の揺籃《ようらん》はここに

青木村は、南北の山々に挟まれ、その中央を流れる浦野川に沿って東西に平地が広がる。浦野川の北側に位置する南向きの当郷《とうごう》、村松《むらまつ》・田沢《たざわ》の集落、南側に位置する北向きの奈良本《ならもと》、沓掛《くつかけ》、夫神《おかみ》、細谷《ほそがや》、殿戸《とのど》の集落には多少の気質の違いがあるようである。

村松に住む方から面白いお話を聞いた。陽が差し掛けた朝の早い時間に、反対側のまだ暗い沓掛、夫神、殿戸の人たちは寝ているだろうと高をくくって自分たちは寝ている。しかし向こうの人たちはその時間には既に動き出している。日の出前から働かないと生きていけないのだという。その方は笑ってこう言われた。「だから自分たちは貧しく、あちらは裕福だ」と。そこで決して〝反対側〟を悪く言わない。ちょっとの気遣いを利かせ認め合い共存する。それがこの村の結束を生み出す。

南側の集落は北向きゆえ雪解けも北側より遅い。そうした南側に位置する集落のひとつ殿戸の厳しい環境に育ち、勤勉な父を見ながらその大切さを学んだことはのちの慶太の成

父　小林菊右衛門

母　寿ゑ

長に大きな影響を与えることになる。

明治15年（1882）五島慶太は父小林《こばやし》菊右衛門《きくえもん》、母寿ゑ《すえ》の次男として生を受けた。「五島《ごとう》」は結婚後の姓で、この時はまだ小林慶太である。

この時期は明治政府が富国強兵・殖産興業を推し進め、近代国家を急ぎ、廃藩置県、地租改正などを断行した。その結果、新しい時代の荒波に翻弄される旧士族の不満が爆発し反乱が各地で起こる。自由民権運動を率いた板垣退助が岐阜で暴漢に襲われたのもこの時期である。時代が大きく変わろうとする変換点に慶太は生を受けた。

青木村の春は遅く、それは一気に訪れる。

まるで中国の神話にある花神が満を持して枯れ木に花を咲かせるがごとくである。雪解けとともに梅が咲けば、こぶしやもくれんがすぐあとに続き、それを追いかけるように桃が咲く。緑が芽吹き出した頃には、満開の桃の花に負けじと出番を待ちわびた真打ち気取りの鮮やかな桜の花が咲き誇る。それはこの地の人々の一見おっとりしていそうで実は気ぜわしく、いざとなれば自分を出す、個性豊かで譲れない気骨をあたかも代弁しているようである。

小さいながらも集落ごとに強い結束を示し、競い合いながらも「義の心」が通い合い呼応し合う多士済々な人々の気性が花々に乗り移ったようである。

慶太が生まれた4月18日はまさにこの季節であった。

篤い信仰心を持ち誰もが謹厳実直と一目置く父菊右衛門、「私の父は非常な法華経《ほけきょう》の信者で、いわば南無妙法蓮華経《なむみょうほうれんげきょう》の凝りかたまりであった。朝起きたとき、夜寝る前、南無妙法蓮華経を少なくとも五百遍から一千遍ほど唱えていた。そういう中に育ったものだから、南無妙法蓮華経を唱えることによって、いかなる苦痛でも、いかなる困難でもこれにかつという確信を自然と植えつけられていたと思う」と慶太はみずからの言葉で父を綴っている。

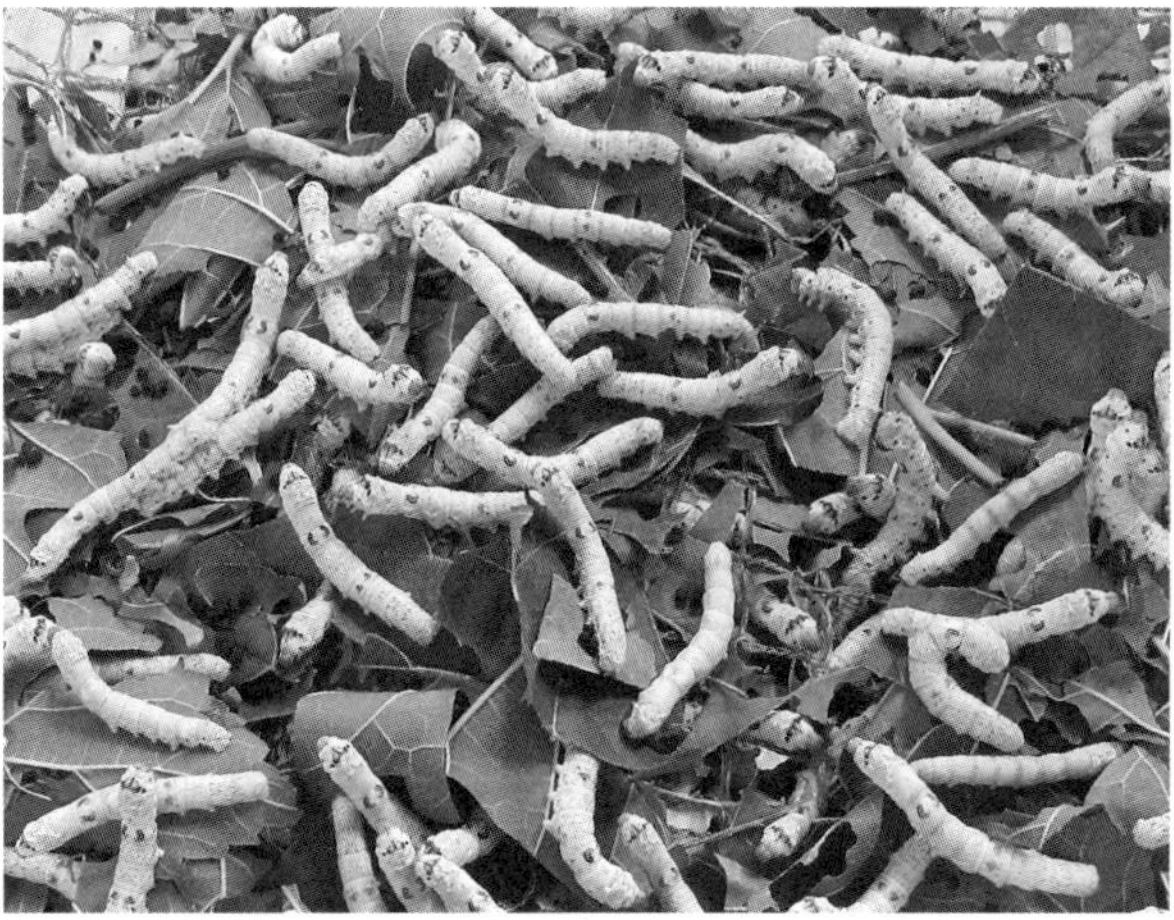

お蚕さん

一方の母寿ゑは読み書きは出来ずとも並々ならぬ記憶力の持ち主で、「物を覚えることの早いことでは村一番といわれていた。そして躾《しつけ》の厳しいことも人一倍であった」（『私の履歴書』）と慶太自身も母を書き残している。そういう両親のもとで慶太は育った。

慶太自身は生家について、「私の家は水呑《みずのみ》百姓とはいっても、千戸余りしかない山中の一寒村では、村一番の資産家」（『私の履歴書』）とは書いてはいる。しかし、村の中で比較すれば裕福であったかもしれないが、父菊右衛門の製糸事業の失敗も追い討ちをかけ、自身の進学もままならぬほどの経済状態であった。これは小林家に限らず、大きな一揆を５

回も起こす青木村の土地柄を考えると村全体が当時として決して豊かとはいえない状況であったのも事実であろう。

日本の国体が急速に変貌する明治中期において日本中のどの農村においても似た状況だった。しかし豊かではないといって農民が常に貧困にあえいでいたわけではない。江戸時代において農民は、「朝早くから夜まで農作業をしている」印象を持たれているが、それは農民としての美徳を奨励するためともいわれている。それぞれの地域の事情はあれど、一般的に農民は年貢さえ納めていれば、米以外の作物で武士よりはるかに経済的には豊かだったともいわれる。もちろん華美な生活は禁じられ、贅沢な暮らしには程遠いレベルであることは疑いないが食べてゆくだけであれば何とかなった。それは明治になってからも大きく変わらない。農村の暮らしが変わるのはむしろ太平洋戦争後である。

しかし干ばつや冷害などの飢饉でコメが取れなくなると状況は一変する。特に明治になり地租改正が行われたことで、物納ではなく金納になり、農作物の豊凶に関わらず一定の納付を求め、政府は財源を確保しようとした。農業は自然相手であるがそこに情は介在しない。農民からすれば飢饉下での取り立ては不条理であり、そこで自然に考えれば百姓一揆は起こりうる。

殿戸地区　日吉神社

さて、五島慶太を記した一連の伝記では、少年時代の彼を「餓鬼大将」と称する。五島慶太本人も自身を「餓鬼大将の暴れん坊」と書いている。のちに事業家になってその辣腕ぶりから「強盗慶太」と呼ばれ「傲岸不遜《ごうがんふそん》」と評されたことを考えると、そのほうがたしかに通りはいい。

慶太自身も「子どもの頃、私は非常な餓鬼大将の暴れん坊で、村中を暴れ廻ったらしい。村の鎮守の拝殿（筆者注：舞殿）に大きな落書きをしたことを憶えている。どんなことを書いたか忘れてしまったが、せまい村のことだから直ぐ有名になった。又私は同年位の友人の頭に鍬を打ち込んで大きな怪我をさせたことを記憶しておる。これらのことで私は母から随分ひどく叱られた。私は子ども心にもとんでもないことをしたものだと泣きたい様な気持だった。」（『七十年の人生』）と回想する。

だが別な証言もある。『五島慶太の追想』のなかで幼なじみの上野サイさん（文中では「枝見サイさん」）は「子どものころは、決して腕白小僧ではありませんでしたね。喧嘩なんてしているのは見たこともなかったし、おとなしい、いいお人だと思っておりました」と語っている。青木村の人々には多少なりとも身内びいき、判官びいきも手伝ってか、慶太のやさしさ、人を思いやるイメージを壊したくない気持ちが伝わってくる。

腑《ふ》に落ちないのがさまざまな伝記では運動が得意でなかったように記されていることである。果たして運動音痴で餓鬼大将がつとまったのであろうか。往々に「腕白」「餓鬼大将」はとかく親が我が子を暗に自慢するときに用いたりする。多少やんちゃであっても元気でたくましいことをささやかに誇示する親心のあらわれでもある。それに似たものを感じざるを得ない。

慶太の場合、それよりも成人してから本領を発揮する類まれな情報収集能力と的を射た分析能力の高さ、そして一度決めたことを貫徹する意志の強さを考えると、常人が考える

日吉神社神楽殿

ただの「餓鬼大将」のイメージには収まらない。

のちの成功を知る人からみれば、〝三つ子の魂百までも〟と信じたい気持ちもわかるが、幼少期を美化しすぎると真実を見誤る。性格が固まる前の子どもはいろいろな顔を見せる。それよりも見落としてはならないことは、時に道を踏み外しそうになった時の母のかかわりである。日吉神社の舞殿の壁に落書きをした時、どんど焼きの時に境内にあった稲わらを燃やしてしまった時、母は慶太をどう諭《さと》したのだろうか、怒りに任せて叱ったようには到底思えない。こういうかかわりを通してのちの人生の大事な基礎となる人の道を学んだのだろう。逆境を生きた親だからこそなし得ることである。親の教育の影響は疑いようがない。

このことにおいて、青木村役場元職員の小林久夫さんも土地の伝承を踏まえて慶太についてこう語った。「青木村にいた少年時代は目立たない普通の少年だったようです。必ずしも〝神童〟ではないと思います。地域での存在感は薄く村人に注目されたのは東京で活躍してからです」小林さんはそれに加えて大胆にも「子どもの頃からずば抜けていた人間は大した人間になれない」と私見を述べた。

小学生の年に似合わぬ身体の大きな男の子が道一杯に大手を振って歩き、おとなたちが道を空けたと言い伝わるが、それがさも威張った餓鬼大将としてとらえるのは早合点である。身体の大きな男の子におとなたちがおもねって道を譲るとは考え難い。それよりも堂々と闊歩して学校に通う慶太を、目を細めて見ていたととらえる方が自然なおとなの姿である。幼いながらも自分の未来を信じ、ちょっと背伸びをして志を抱き勉学にいそしむ姿は微笑ましいものである。そこに慶太の生来の不器用さ、無骨さの照れ隠しを感じてしまうのである。

慶太は少年時代から決して豊かではない現実の暮らしを直視し、この地でこのまま百姓として人生を送るか否かを真剣に悩んだに違いない。その渇望感を味わい抜き、なお自身の遠き未来を凝視する、そんな少年だったのではないか。その後の人生の命の力がほとばしるほどの生き方を思うと、それは慶太自身の力というよりも幼少期の貧困を生き抜き、自分の背中を押してくれた人たちの祈りに支えられていたようにも映る。それゆえ本人が語るように少年時代から「大きな抱負、野心、覇気」を沸々とたぎらせ努力し成長することを、単なる野心ではなく生を受けた責務として己に課していたと理解したほうがより慶太の真実に近づけるように思える。

たしかに表層的に見れば腕白だったかもしれないがその真実はわからない。女子の前ではおとなしかったとも言われているが人の心は多面的で、まして揺れ動く少年の心である。後追いでは何とでも言える。

わかり得ない真実を解明する手立てとして心理学の世界にはこんな名言がある。

「言葉は嘘をつくが行動は嘘をつかない」

人の性格は言葉ではなく、行動で読むことが出来る。ここにおいては慶太が何を語ったかではなくどう行動したか、それが慶太の本質を知る手掛かりとなる。

明治中期に建てられた青木小学校

慶太翁の人生の中で特筆すべきはそれぞれの時期にしかるべき人との出会いがあったことである。哲学者マルティン・ブーバーは「人生は出会いで決まる」と名言を残した。加えて本邦の哲学者森信三《もりしんぞう》は「人間は一生のうちに逢うべき人には必ず逢える。しかも、一瞬早すぎず、一瞬遅すぎない時に」と語る。しかし凡人の多くは〝良き出会いがなかった〟とみずからを嘆く。森の言葉を継ぐと「縁は求めざるには生ぜず。うちに求める心がなくんば、たとえその人の面前にあるとも、ついに縁は生ずるに至らずと知るべし」という。志が出会いを引き寄せるのである。ここに慶太が慶太である由縁が解き明かされる。

　小学校の時の若林《わかばやし》若次郎《わかじろう》、小林《こばやし》直次郎《なおじろう》ら

若林若次郎

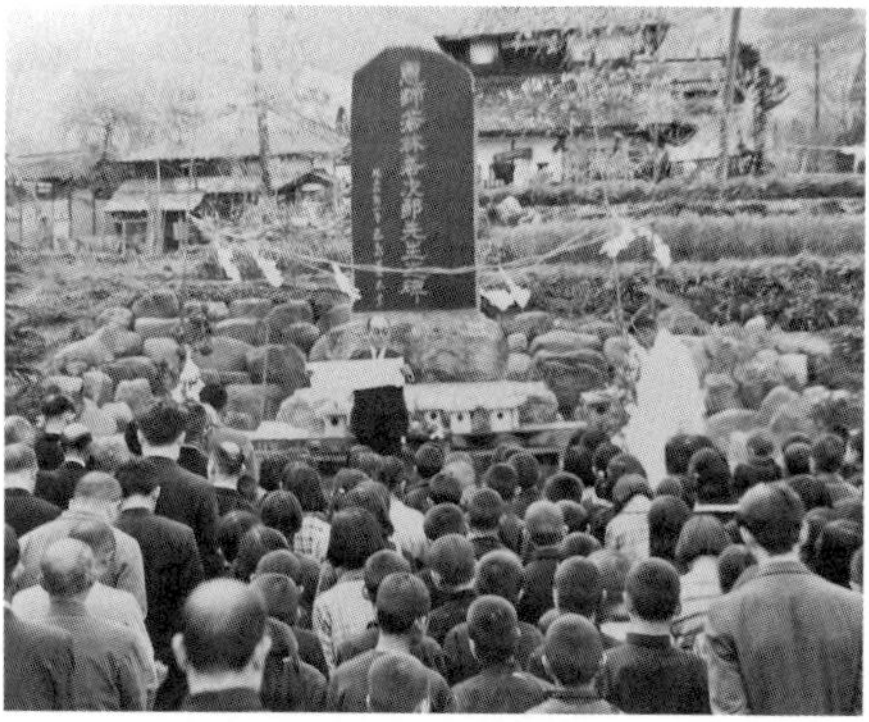

慶太が建碑した、恩師 若林若次郎碑

二人の恩師との出会い、大学時代の嘉納治五郎《かのうじごろう》、富井政章《とみいまさあきら》、加藤高明《かとうたかあき》らとの出会い、事業を起こしてからの小林一三《こばやしいちぞう》、篠原三千郎《しのはらみちろう》との出会い、これは単に運という一言では納めきれない。運命とともに人を引き寄せるに足る人間としての魅力があったからに違いない。

人生の出発点において、両親の存在が大きいことは言うまでもないが、青木小学校一年生から三年生の担任であった若林若次郎、そして校長であった小林直次郎に目をかけられたことは大きい。ふたりはともに殿戸の出身であったことも手伝って慶太への親近感が多少なりとも心にあったはずである。若林はみ

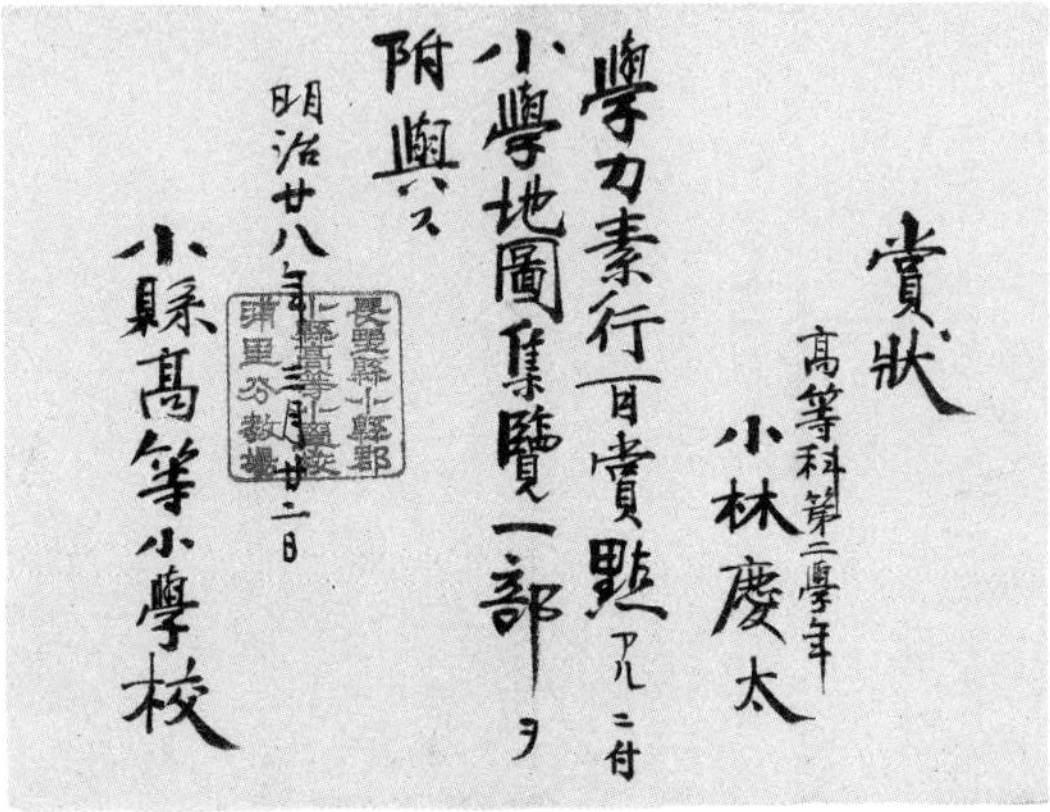
賞状
高等科第二學年
小林慶太
學力素行可賞點アルニ付
小學地圖集覽一部ヲ
附與ス
明治廿八年三月廿二日
浦里分教場
小縣高等小學校

浦里分校時代に授与された、学力や素行が優秀であったことを称える賞状

ずからが苦学をした経験から慶太にかつての自分を重ねたように思う。若林若次郎の曾孫の若林《わかばやし》典博《のりひろ》さんによると「上田中学（長野県尋常中学校上田支校）までの学校の行き帰りには必ず家（若林宅）に寄って挨拶をした。どんなに遅くなっても挨拶をした」そうである。若林典博さんは、「（そこまで感謝の気持ちを持てるのは若次郎が）勉強の面白さを教えたからでは？」とふたりの関係を推測する。

　小林直次郎は慶太を「頭の働きが良く鋭い瞳を持っている」と評しその未来に期待を寄せていた。小林は慶太の中学卒業に際し、上級学校への進学を断念するかどうか瀬戸際に立たされた彼に母校青木小学校の代用教員の口があることを伝え、それに呼応した慶太が代用教員になれるように労をいとわず支えている。直次郎は人徳にもすぐれ人望があり、その後長野県会議員になって、県会副議長まで務めている。慶太は同じく教えを受けた友と両先生の顕彰碑を青木村に建立している。

青木小学校尋常科四年を終了した慶太は、隣りの浦里村にある小県《ちいさがた》高等小学校浦里分校（「浦里小学校高等科」ともいう）に進学し、修業年限四年を二年で卒業する秀才ぶりであった。しかし自分の家の家計に余裕がないことを重々感じていた慶太に進学の問題が立ちふさがる。当時、小林家の年収は年間四、五百圓で「そこから税金、一家の衣食を賄えば、残るところせいぜい四、五拾圓に過ぎない」ととても進学できる状況にはないことを本人としてはわきまえていた。通常であれば、慶太のような次男は奉公に出すか、家の手伝いをさせるかで、進学の選択肢はあり得なかったはずである。

他の伝記では進学に反対する父菊右衛門を、慶太の気持ちを汲んだ母寿ゑが幾度も説得し説き伏せて進学への道を開いたと言われているがその真偽には疑問が残る。当時の戸主であれば力づくで慶太を家に留めることも出来たはずである。しかし菊右衛門はそれをしなかった。そこに菊右衛門の迷いが見える。菊右衛門の心情を記したものが残っていないので断言はできないが、信仰と勤勉に生きた菊右衛門自身が学問への憧憬の念を持ち得ぬはずはなく、まして息子の才を知るがゆえの悩み抜いた判断であったのではないだろうか。だからこそ慶太はのちのち事あるごとに「両親に心から感謝する」と言っているのである。

「勉学の志やみがたく、父に特別に頼んで上田中学に入学させてもらった」と『私の履歴書』にも記してある。

第3章

千曲川を渡る、上田電鉄別所線

青雲の志、清冽《せいれつ》な千曲川の流れのごとく

第3章

青雲の志、清冽《せいれつ》な千曲川の流れのごとく

信州にはそれぞれの地方ごとに愛される山がある。青木村に夫神岳《おかみだけ》・子檀嶺岳《こまゆみだけ》・十観山《じっかんざん》の青木三山があるように、上田には市民に愛される太郎山（１１６４ｍ）がある。上田市民にとっては、はるかに望む北アルプスよりも近くに見守る太郎山に愛着を感じるようである。

それに加えて上田の人々は千曲川への思い入れが深い。上田橋から見る清冽な流れはここで川幅が狭まりさらに速度を増す。陽光を浴びた激流は光の珠《たま》となりきらきらと早瀬で跳ね川面で煌《きら》めきそれはまるで生きものであるかのような生命力を感じさせる。一日の気温差の激しい時期は川面に朝もやが立ちこめ幻想的な風景を醸し出し、それは上田の人々の心の拠りどころとなる。

しかし誰もが見とれるその光景に慶太は目を向けることはなかった。

青木三山（夫神岳・十観山・子檀嶺岳）

明治28年（1895）、慶太は長野県尋常中学校上田支校に入学し、毎日この千曲川を渡り支校（以下上田中学）に通った。慶太は殿戸から上田中学までのなだらかな傾斜の道のりではあったが三里（12キロ）をわらじ履きで3年間毎日雨の日も雪の日も一日も休まずに通ったのである。

「人に遅れをとるまいという気持ちと、苦しい家計の中で特別に入学させてもらったということを考えると、この三里の道のりも大した苦労ともならず、ただの一日も学校を休んだこともなかった」と本人は語る。浦里小学校で知り合った友人早川万一郎（後の菰田万一郎）（旧制第四高等学校（のちの金沢大学）元校長）、大井新次郎（元多摩川園長）らも

明治28年　上田中学校在学中、13才の慶太

その慶太に負けまいと一緒に通ったと伝えられている。

この片道3時間の通学そのものが体力と気力を鍛えたという説もあるが、そんな単純なものだったのであろうか。いくら苦労しても苦労が身につかぬ人は世の中にいくらでもいる。慶太は逆にその通学時間を貴重な勉強時間に当てさらに自分に負荷をかけた。

母寿ゑが慶太の通学袴《はかま》がよく擦り切れるのを見て、そのわけを訊いてみると、読書しながら歩いていると何かに袴をひっかけるからだという。上田橋《うえだばし》の欄干に引っ掛けることもあった。その慶太に千曲川を眺める余裕などない。

それでなくても青木から上田までは距離だ

けではなく盆地の影響で夏は暑く冬は寒い。「特に冬の通学は実際大変で、慶太の足には、アカギレのたえることがなかった。母は富山から売りにくる、竹皮に包んだアカギレの薬を、夜ごとにあぶっては、慶太の足にぬりつけてくれた」（『長野県上田高等学校史草創編』）という。

たださすがに試験の時だけは姉なをの嫁いだ上田近くの旧家花見家の好意でそこから通わせてもらった。歩きながらではなく、部屋で勉強できることのありがたみを慶太はどれだけ感じたことだろう。

慶太の勉学に励む姿勢はすさまじいものだったと思われる。それでも友人大井新次郎の話では、「学科のほうで特に目立つ、ということはありませんでした。当時は（日清）戦争のあとでしたから軍人志願が多かった。ところが五島さんに限って、大将になる、ということは一言もいわなかった。頭がいいというだけで、普通の中学生と変わりはなかった」という。その言葉からは傑出した秀才というニュアンスは伝わってこない。『長野県上田高等学校史草創編』によると、「勉強はすこぶる熱心で、とりわけ国漢・数学・英語・地歴が優秀だった」とある。偉大な先人ゆえにあとの時代になればそれをひいき目に見て優

後列右から２人目が小林慶太、３人目が大井新次郎

秀だと評することはじゅうぶんあり得るかもしれない。それは慶太を敬愛する人たちの自然な感情でもある。しかしここで注目すべきは、〝優秀さ〟よりも〝熱心さ〟である。これこそが慶太の真骨頂であり、こうして五島慶太が五島慶太になってゆく。

慶太の意志の強さはこの環境の中で紛れもなく育っていった。それは本人一流の志の強靭さと負けず嫌いに負うものが大きい。それとともに努力を見守ってくれた人々への感謝の気持ちが彼を支えていたことは疑う余地がない。

慶太は常々「熱と誠」を口にした。

「人の成功と失敗のわかれ目は第一に健康である。次には、熱と誠である。体力があって熱と誠があるならば、必ず成功する」

果たしてこれまで言われてきたような神童や餓鬼大将が「熱と誠」などと自分で言うであろうか。天賦の才があれば情熱や誠実さへのこだわりはそう強くはならない。餓鬼大将かはともかく負けず嫌いは間違いなく、勉学に励んだ姿はじゅうぶんに想像できる。

真に優秀な人間は努力しなくても勉強が出来る。突出した才があるわけではなく苦労を重ね「熱と誠」の重さを会得した慶太の言葉と受け止めると慶太の本質が見えてくる。

逆境を修養の機会ととらえる慶太の比類なき逞しさにこそ目を向ける必要がある。〝負けず嫌い〟の核心にあるのは〝劣等感〟でありその事実にまっすぐ向き合うことで〝負けず嫌い〟が〝向上心〟に昇華する。そのようにして自分を高みに導こうと努力する姿に慶太の真価がある。志に根差した使命を全うする条件として「熱と誠」は不可欠である。逃げ場のない中で使命を果たさねばならない時において「熱と誠」が本来の輝きを増す。しかし、「熱と誠」に見返りはない。

ひるがえり現代社会の反省としていえるのは、目的をもって努力し何かを成し遂げること、成功体験を持つことに人々の価値が置かれ過ぎているのではないだろうか。目先の損得に目が奪われ「成功体験」や「達成感」に気持ちが走り、努力することそのものの価値が忘れ去られている。己の利を求め、自分の手の届く範囲の〝安全水域〟の中で努力をしたとしても所詮それは生ぬるく、本当に自分を変えるような成長は期待できない。当然のごとく人より抜きん出ることもない。自分の限界を超えることに生きがいを求め、到達困難な目標に挑むことでしか自分の殻を破ることはできないのである。

慶太ならこうも言うかもしれない。「自分を修練している自信があれば、他人の目など気にしない」と。

見返りや対価のためではなく、努力すること自体を目的にする、自分の限界を少しでも超えるように修練する、その先に真の成長がある。そこに常に意識を置けば、「来たるべき時」に備えられる。「大器は機を逃さず」という言葉があるが、慶太はその修練を怠らなかった。若き日々のこの努力によって、のちの事業家としての成功を導く礎を築き上げたのではないか。慶太は努力の人である。そして「熱と誠」の原型はここにある。

さて、慶太の通った上田中学の伝統を現代に継ぐ長野県上田高等学校（以下上田高校）は上田藩主の居館跡に立つ。その門を慶太は毎日くぐった。居館とはいえ城門と見間違えるほどの荘厳な古城の門は大きな黒鋲が打たれ威厳を放ち、〝日本一格式高い校門〟と上

上田中学校（現 長野県上田高等学校）

田高校関係者は胸を張る。それは慶太がのちに入学する帝国大学の赤門に見劣りすることなく、むしろ赤門を見たときに母校の門を懐かしく思い出したのではないかとさえ思う。

旧制中学の多くが、「質実剛健」を校風に掲げるがそれが単なる懐古的なスローガンに留まることが少なくない。興味深いことに上田周辺の高校は「質実剛健」を標榜するところが多いが真に旧制中学の系譜を継ぐ上田高校だけは趣が多少異なる。「質実剛健」を標榜しない。スクールアイデンティティ（上田高校の心）として「試百難《しひゃくなん》」を掲げる。その意味するところは「困難から逃げない、周到な準備をする、最後まで粘り抜く」である。今の世にあっても真田武士の誇りと気概を継

長野県上田高等学校校歌

作詞・上田中学校
（現 上田高等学校）国漢科
作曲・岡野禎一

一　秋玲瓏《れいろう》の空衝《つ》きて　ゆふべ太郎の峰高し
春縹渺《へうべう》の末けむる　あした千曲の水長し

二　関《くわん》八州の精鋭を　ここに挫《くじ》きし英雄の
義心《こころ》のあとは今もなほ　松尾が丘の花と咲く

三　古城の門をいで入りて　不動の心山に見る
我に至高の望あり　挙世の浮華《ふくわ》に迷はむや

四　たふとき霊血《みたま》に承《う》けて　不断の訓《をしえ》川に汲《く》む
我に至剛の誇あり　いざ百難に試みむ

承し、上田高校に集う人々の一体感を自分たちの拠りどころとしている。時代は変われども、この気骨このこだわりこそが上田高校であり、一部の班活動（部活動）の練習着には今も真田氏の家紋六文銭が描かれている。そこに一個の人間として信念を全うしようとする覚悟と誇りが伝わってくる。「試百難」は真田武士の魂に根差した実践哲学なのである。

校歌の最後には高らかに「いざ百難に試みむ」と謳われているが、作詞は「上田中学国漢科」とあり、ここの教員たちがみずからつくり大正13年（1924）2月に発表した。慶太と同じ時代を生きた人々によるものである。その気概は慶太に通じる。慶太の時代には校歌はなかったかもしれないが、慶太自身も同じ学び舎において少なからずその校風を感じ取りそれが慶太の信念、性格を強めたと考えられる。

さてその校歌の作曲は岡野禎一《おかのていいち》、岡野は全国160校を越える校歌を作曲したが、それにも増して日本の代表的唱歌「ふるさと」の作曲家として有名である。作詞は長野県中野市出身（旧水内郡永江村《みのちぐんながえむら》）の高野辰之《たかのたつゆき》、高野の郷里中野の里山の原風景を見事に描いた名曲である。中野市と青木村は直線距離でわずか50㎞、慶太の想い描いた郷里青木村の抒情的な風景と重ならないわけはない。この曲が発表されたのが大正3年（1914）、慶太32歳の時である。万千代《まちよ》と結婚して娘二人を授かりその家庭生活は順風満帆の時であった。慶太はこの曲をどんな思いで聞いたのであろうか。その数年後に愛妻万千代の最期が訪れることは知る由もない。

ちなみに高野辰之は慶太より6歳年上、生家は豪農で慶太と似た環境で育った。豪農といえどもその暮らしは決して裕福とはいえなかったと思われる。その高野もまた郷里の教員を辞して国文学を究めるために帝大の国語学の権威上田萬年《うえだかずとし》を頼って上京する。「ふるさと」はその時の心情を詞に託したと言われている。日本の発展期に世界は違えども「ふるさと」の歌詞のごとく、志を立て、郷里をあとにする者どうしの想いはきっとつながっていたはずである。

「ふるさと」は信州の抒情的風景を映し出した不朽の名作である。この詞とメロディーの深い味わいは、もはや「信州」を越え、「日本」全体を言い表しているようである。この曲を聴けば日本人の誰もが郷愁を掻き立てられ、多くの人が一度は涙を流したことであろう。

平成・令和の数々のポップスの名曲を生み出した桑田佳祐もこの曲が気に入っていることを公言する。かつてインタビューで「今後、歌を歌ってはならない！という歌禁止令が出たときに最後に1曲だけ歌ってもいいとしたら何を歌うか？」と聞かれたら、この曲を挙げたという※。100年経っても良いものは良い。名曲も人の生き方も本物の価値は時代を越えても色褪せることはない。

さて、毎日往復6時間を通学時間に当て、朝は日の出前から家を出たと言われるが、家に帰ってからも与えられた二階の部屋、といっても蚕部屋の隅で遅くまで勉強していたことを部屋から漏れる明かりで村の人たちは皆それを知っていたという。

在りし日の生家　慶太が勉強した部屋
平成26年　東京都市大学勝又ゼミの生家実測調査時に撮影

※正確には「この曲に代表される小学唱歌」と表記

生家の実測に当たった東京都市大学勝又英明名誉教授によると、家の構造上通気性が良く、夏は涼しく冬は囲炉裏の暖気が取れしかも景色が良く勉強をするには快適であっただろうと推察する。

その部屋から慶太の英語を読む声が外まで響いたという。それが村の人たちに慶太の勉強熱心さを印象づけていたように書かれている書もある。しかし普通に考えると、何ゆえに部屋の外まで聞こえるような大声で英語を読んでいたのか、国語と漢文に優れた慶太が大声を出すなら英語ではなく論語ではなかろうかというのが筆者の個人的な思いである。

そのことを慶太本人に聞いてみたいものである。

どうも周囲を巻き込みながら自分を鼓舞していたのではないかと思う。それ自体は悪くもなんともない。既に慶太は大きな志を抱いていたからである。

「春だったな、中学3年の。おれは大臣になろうと思った」大阪へ向かう特急の中でこうポツンと語ったと東京急行監査役だった小滝顕忠《こたきけんちゅう》は回想する。昭和16年（1941）慶太が58歳の春まだ浅き頃の独白である。

第4章

保福寺峠のウェストン碑

松本時代
臥《が》竜《りょう》鳳《ほう》雛《すう》
雄飛の時を待つ

第4章

松本時代　臥竜鳳雛《がりょうほうすう》　雄飛の時を待つ

青木村は1200〜1300m級の青木三山に囲まれ、盆地が東に開かれその先の上田との交流は盛んであった。西側の青木山塊滝山連峰のけわしい峠の先にある松本は縁遠い。しかし当時の松本は長野県における商業・文化の中心であり、ここで慶太が受けた刺激、特に人との出会いはいよいよ東京へのあこがれを強めることになる。

村の人々の伝承では、〝松本中学に入学して最初の1週間は殿戸から松本までの片道40キロの道のりを歩いて通うことに挑戦した。しかしとても通い切れず断念した〟と逸話が残る。しかし4月とはいえ雪が残っているかもしれない標高1345mの保福寺峠を越えて通うことが現実的にあり得たのだろうか。この辺りの地理に詳しい郷土史研究者は往復80キロを一週間通うというのは人間の体力を考えると「ありえない」と断言する。

いずれにせよ松本に落ち着いたのは良いが、これまで慶太を記した伝記を読むとその下宿先には諸説ある。一説には「慶太が身を寄せたのは、父の知人である降旗元太郎《ふるはたもとたろう》のところだった」「そこで降旗元太郎と言う人の屋敷に下宿させてもらうこととした。降旗元太郎はのちに代議士になった町の有力者である。降旗からよく政治談議を聞かされたことは、慶太の関心を政治に向けることになった。」とある。

しかしここに重大な事実がある。慶太が上田中学を卒業する直前の出来事である。明治31年（１８９８）３月15日に降旗は第５回衆議院選挙に立候補し当選したのだ。ここで国政に打って出るのである。慶太の卒業はそのすぐあとの３月28日である。

降旗は中央に進出し、のちに慶太の人生を変えるほどの影響を与えることになる憲政会を率いる加藤高明《かとうたかあき》と行動をともにすることになる。降旗がのちの加藤高明内閣で要職を歴任することを考えると加藤の主要ブレーンとして多忙を極めたはずである。

この時期の歴史を紐解くと自由民権運動の中から普通選挙の実現を求めるいわゆる「普選論」が生まれた時期である。その端緒は明治30年（１８９７）７月に松本近隣の山形村出身の中村太八郎《なかむらたはちろう》、木下尚江《きのしたなおえ》らを中心に長野県松本で全国に先駆け普通選挙期成同盟会が結成されたことによる。慶太はまさにその動乱の渦中の松本に飛び込んでゆくことになる。

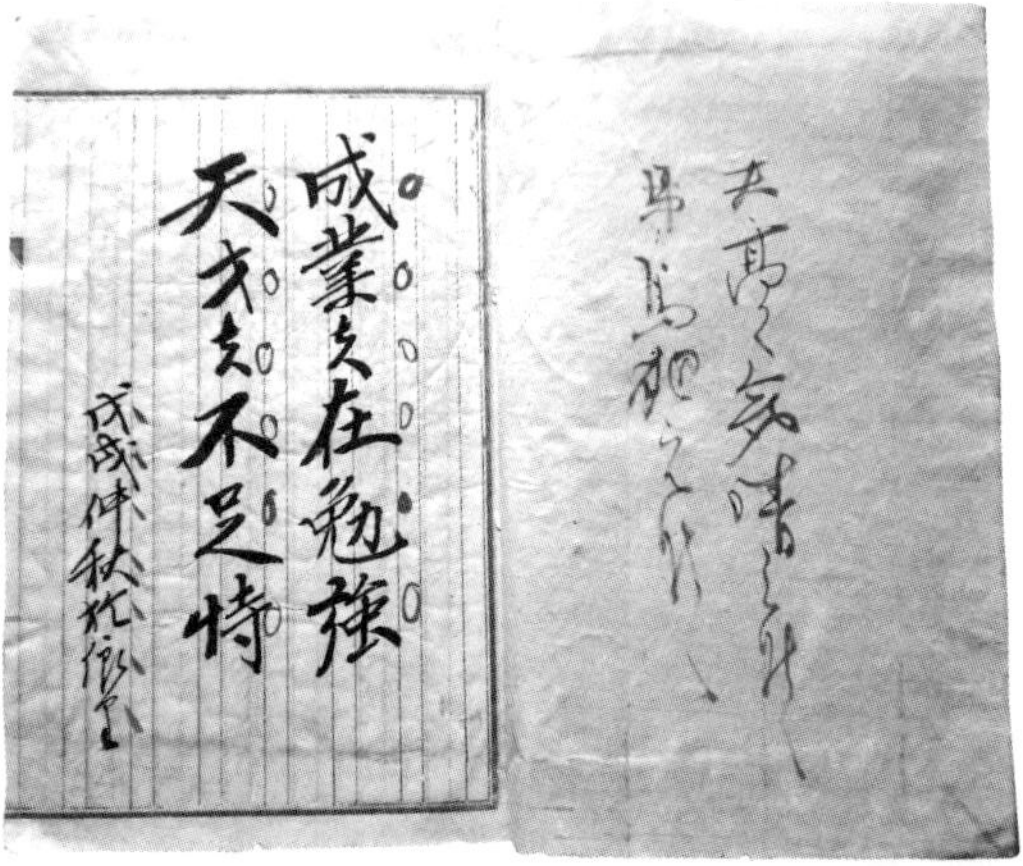

松本中学校在学中の慶太の漢文練習帳
「成業は勉強に在り、天才は恃むに足らず」
（生まれ持った力だけに頼らず勉学を続けることが大切である）と書かれている

慶太が松本中学二年目の明治32年（1899）10月に期成同盟会は東京に進出、12月に松本で第一回普通選挙同盟大会が開催され、その後普選運動は全国に飛び火した。翌明治33年（1900）には普通選挙同盟会と改称し、その後大正デモクラシーに向かって加速し、大正14年（1925）の普通選挙法制定により成功を収めたことで普選運動は終焉した。

実はその普選法を制定したのは加藤高明内閣で、その時の鉄道政務次官、陸軍政務次官が松本出身の降旗元太郎である。

日本が列強と肩を並べるべく近代化を急ぐ時代に、降旗も重要な役割をなすポジションにいた。その大事な時期に、松本の実家の店《たな》子《こ》である慶太に政治談議をしている暇があったのであろうか。それに加え、降旗が加藤のブレーンであったというのが事実なら慶太の生涯にとって話題性が高く、これまでの伝記にそのエピソードが綴られたはずである。それがない。

さらに興味深いことは義民の村を出た慶太が、ここで自由民権運動に関心を示した様子がないことである。実際に降旗と会ったという記録は確認できないが、慶太の思いは「政」や「官」にあったのではないか。上田中学三年の時に既に軍人には興味がなく「大臣になろうと思った」慶太は、日本を本気で動かそうという大志を抱いていたことはそこに見て取れる。もし実際に降旗と政治談議をしたというならどんな話を聞かされたのであろうか。

下宿先については、もうひとつの重要な証言がある。

降旗家以外の下宿先として上條家説がある。当時その上條家には祖父母と孫娘衣恵（後に華道真派青山流初代家元となる上條香月《かみじょうこうげつ》：以下上條香月）、そして女中の四人が暮らしていた。

上條香月は『五島慶太の追想』に寄稿しその中でこう語る。

「うちには新町に六軒の長屋があって、いろいろな方が入っておりましたが、ある日、松本中学の小林有也校長と大熊先生が、この書生に、お宅の一室を貸してやってもらいたい、と連れて来られたのが、松本中学に入られた小林慶太さんと大井新次郎さんのお二人だったのです。私どもでは、10畳間を二間、三十銭でお貸しすることにしました。これからお二人の自炊生活が始まったのです。松本中学は、お城のそばにありましたから、自炊の朝食をすませて通うのは、なかなか大変なことで、二人して駆け足で登校されるのをよく見かけたものです。土曜日の晩や日曜日など、お二人お揃いで私どもの母屋にいらしては、祖父から、武士道の話などを面白そうに聞いていらっしゃいました。とにかく、おとなしい、真面目な学生さんでした。」

『五島慶太の追想』が追悼集である以上、誇張はあれ事実でないことを書くわけがない。逆に降旗が慶太に政治談議をしたというのは、伝記の著者の記述以外確認が出来ない。

ということは、当初父菊右衛門の知り合いであった降旗元太郎を頼り下宿を求めたが、降旗の政治活動が忙しくなったのか、それとも言いにくい何らかの理由があったのか、それが実現せずに途方に暮れたときに小林有也校長の世話で松本市東ノ丁（現旭2丁目）の上條家の世話になり、新町の長屋に収まったというのであればつじつまが合う。

松本地域の情勢、そこで降旗がどれだけ大事な局面にいたか、その状況を山を隔てた殿

明治32年 松本中学校在学中の17歳の慶太（左）と大井新次郎（右）、下宿先の子息である上條昌太郎（中）とともに

戸に住む父菊右衛門は十分知り得るはずはない。その菊右衛門が状況を理解しないままに降旗を頼ったとしても無理はない。最後は『深志人物誌』ならびに『信濃』の菊入三樹夫、上條泰子両氏の記述の信憑性を信じるとしたい。

慶太が松本中学に在籍していたころは、松本中学も波乱の時期であり、満足な学習環境ではなかった。

ひとつは松本中学の「矯風会」の存在である。そもそもは崇高な理念を持った先駆的な学生自治組織だったが解散を迫る学校側と対立しストライキを企てるなど暴走もみられた。先に触れた普通選挙期成同盟会が東京に進出するその絶頂期に慶太は松本中学の最終学年を迎えている。その動きに呼応するかのように矯風会はかまびすしさを増したようである。それはちょうど昭和30~40年代の大学紛争が盛んなりし頃に旧制中学の流れを汲む高校の多くに学生運動が飛び火した構図を思い起こさせる。

もうひとつは明治18年（1885）に造られたたかだか13年しか経っていない洒落たメイン校舎が学生数の急激な増加で手狭になって建て替えを余儀なくされたことである。慶太が松本中学二年目を迎える明治32年（1899）初めからその年の9月までが工事期間でそれは在学期間の1／3に当たる。新校舎が完成して半年で卒業するわけだが、それまではさまざまな不便を強いられたはずである。

はたして、その矯風会にどのくらい慶太は与したのだろうか。上田中学からの中途転入組が、生え抜きが守っていた矯風会にあとから賛同して加わるということはあるだろうか。のちに東京帝大に入ってからもあまり目立つ学生ではなかったらしいことから類推すると、自分の優位な環境を作らないと動かない、という慶太一流の賢明さをもって、そうした事態を冷静に観察しつつ、みずからそこに加わらなかった可能性は強い。第5章に記す松本深志の校歌のように、波濤の向こうに見える大きな波のうねりを、目を凝らして見

明治32年９月28日　長野県松本中学校校舎改築落成式（丸山哲治氏提供）

ていた可能性が高いように思う。

大井新次郎は松本での下宿生活のエピソードを『五島慶太の追想』の中でこう語る。

「学生時代はほとんど一緒に過ごしたんですが、二人は全く性質が違うんですね。例えば下宿あたりですき焼きを食べるにしても、私が甘い味にすると、先生は甘すぎると言って塩を入れる。万事こんな工合いですから、われながら、よくもこう長く付き合って来られたものだと感心します」

新次郎は上田中学時代を回想したときに、「私は小さくて弱かった」と振り返る。いつも慶太のそばで慶太をうらやましく思い見習ってきたように見える。新次郎がもし慶太

昭和10年ころの上條香月（左）（上條泰子氏提供）

のような強い自我を持っていたならば果たしてふたりは一緒に暮らしていけたのだろうか。新次郎はいつもくさらずに慶太とともにいた。この新次郎のやさしさ、寛容さに慶太がどれだけ救われたかは慶太本人が一番わかっていたように思う。

慶太のその後の行動から松本中学への強い愛着は感じられない。また『松本中学校創立三十五週年記念誌』の「高師卒 法大撰科卒（東京帝国大学撰科卒）」の誤った記述（実際には「撰科」ではなく、「本科」卒）を見ても松本中学からも縁遠く影の薄い存在であったことがうかがわれる。

だからこそ新次郎を生涯の友と思い、慶太は新次郎にいつもそばにいてもらいたかったのではないだろうか。そしてまた慶太の晩年の悲願が松本の小林校長の墓参りであったことを想うとそこに慶太の複雑でナイーブな感情を読み取れるのである。

ところで、先の上條香月の記述で気になるのは〝土曜日の晩や日曜日などに〟母屋に来ていたということである。これは他の伝記の「松本に下宿はしていたが、毎週土、日は殿戸の自宅に帰った…」とは矛盾する。しかしここは四角四面に考えない方がよいように思う。実家が貧しい中で、松本の下宿で自炊をしていたならば彼らとて決して裕福とはいえず、おそらく野菜やコメをある程度は殿戸から担いで保福寺峠を越えて調達していたことはじゅうぶん考えられる。少なくとも毎週必ず片道40キロの道のりを殿戸に帰っていたわけではない。

「信濃なる山路の雪はきゆるとも君がほまれは千代もつきせ志」

大家の娘で慶太の一つ歳下の香月は、『五島慶太の追想』にこの歌を捧げている。大望を抱く慶太を日頃から見ていた若い娘が彼にどんな思いでいたのであろうか。伝統ある〝青山御流〟の流れを汲む華道を創流するほどのセンスと行動力を持つ彼女が慶太の魅力を見逃すはずはない。前途洋々たる青年慶太にあながち悪い感情は抱いていなかったように思うが真相はもちろん謎のままである。

第5章

春の松本城

松本中学、滄溟《そうめい》遠き波の涯《はて》

第5章

松本中学、滄溟《そうめい》遠き波の涯《はて》

松本は数々の湧水を湛《たた》える城の町である。東にそびえる美ヶ原から湧き出た豊富な伏流水を源泉とする数多くの湧水は夏の暑い日も松本城を訪れる旅人の喉を潤してくれる。

令和の今、慶太が松本中学に通っていた往時の街並みを思い浮かべることは難しい。しかし松本城周辺の町割りだけは基本的に往時と変わらない。軽自動車がやっとすれ違えるほどの入り組んだ狭い路地によって街並みは細かく整然と区画され、その時代の街並みに想いを馳せることはじゅうぶん可能である。どの城下町もそうだが、城に近いところには上級武士の居宅があり、一番遠いところに足軽などの下級武士の家並みがある。慶太が世話になった上條家もここにあった。

城下に住む人々の時間感覚は独特で、令和の今なお、江戸時代を昨日のようにとらえる感覚がある。郷土史家がその時代を語る時にうかつなことを言ったらたいへんなことになる。武家の時代の流れを重んじる家々の名誉を汚さぬよう神経を使い、慎重に言葉を選ぶ

明治20年代　松本城天守閣から望む景色
手前の建物が松本中学校（丸山哲治氏提供）

という。その点での気位の高さは他の城下町よりも強いかもしれない。
　松本藩に限らずいずこの地においても藩政を司るのは上級武士であるが、貧しくとも実務に長けた勤勉な下級武士から優秀な人材が輩出される。明治維新を推し進めた薩摩、長州、土佐においても下級武士がその原動力になったことは誰もが知るところである。上條家も下級武士足軽の出ではあるが、上條家の周辺から明治期に優秀な人材が輩出される。その上條家に慶太が下宿を求めることになったことは少なからず、いや決定的に慶太の将来に影響を与えることになる。

　先に上田中学のことを書いたが、中学時代

校歌

松原威雄 作詞
岡野禎一 作曲

一、蒼溟《そうめい》遠き波の涯《はて》　黒潮たぎる絶東《ぜっとう》に
たてり大和の秋津洲《あきつしま》　光栄《はえ》の歴史は三千年
そのうるはしき名を負へる　蜻蛉男児《あきつおのこ》に栄えあれ

二、時の流れは強うして　この世の旅は長けれど
自治を生命《いのち》の若人は　強き「力」に生くるかな
山河秀《さんがひい》でし此の郷《さと》に　礎《いしずえ》固し我が母校

三、暁《あかつき》こめて鳴り出《い》でし　時代の鐘を身にしめて
世の先駆者《さきがけ》の名に恥ぢず　心を磨《みが》き身を鍛へ
移らふ星を数《かぞ》べて　守るも久し深志城

四、朝《あした》に仰ぐ槍嶽《そうがく》に　深き真理《まこと》を探りつゝ
夕筑摩《ゆうべつかま》の野を行けば　胸に充ちくる想《おもひ》華あり
嗚呼学術の香《か》に集《つど》ふ　契《ちぎ》りも深き友九百《ともくひやく》

五、古城空《むな》しく苔古《こけふ》りて　濁世《ぢよくせ》の波は高けれど
清き心のひとすぢに　志《こころざし》あるますらをは
自治の大旗翻へし　前途《ゆくて》遥かに望む哉《かな》

長野県松本深志高等学校校歌

の後半を占める松本中学に触れないわけにはいかない。上田中学は当時「支校」であり、記録上慶太は松本中学卒業となっている。

松本中学は現在の長野県松本深志高等学校（以下、松本深志高校）であるが、先に記した人のまとまり、結束を旨とする上田中学とは趣が異なり、松本深志出身者自身が〝まとまりはあまり強くない〟ことを照れくさそうに認めている。松本深志は集団よりも個を重んじる印象を受ける。あえていうと、求心力の上田、遠心力の松本深志と形容できるかもしれない。

松本深志のその校歌が興味深い。信州の山間の盆地でありながら校歌の歌詞に「海」がある。

滄溟遠き波の涯　黒潮たぎる絶東に
　たてり大和の秋津洲　光栄の歴史は三千年

ここでいう「秋津洲」とは日本国そのものを指す。海のない信州にいて世界を見据える。信州を代表する旧制中学の誇りは一高を経て東京帝大に進むことを念頭に勉学に励むことである。その志の高さが松本深志でありその源流は松本中学である。校歌の詞は大正11年（１９２２）に完成した。それは在校生松原威雄《まつばらたけお》によるものであるがその原型は明治40年ごろにさかのぼるという。上田中学同様にこの詞を創った人たちと同じ空気を吸いながら慶太はともに学窓にあった。

明治31年（１８９８）慶太は上田中学三年を終了し、隣村の親友大井新次郎と連れ立って松本の本校の四年に進んだ。入学当初、本校の正式名称は「長野県尋常中学校」、県内において松本を本校とし長野・上田・飯田に支校を置いていた。しかし翌年の制度改革によって長野県立松本中学校と改称された。この時の改革で長野支校は独立し長野中学校になり、上田支校は松本中学校ではなく長野中学校の支校になった。一年遅かったら慶太らは松本中学校ではなく長野中学校に進学していたことになる。現に一つ下の学年の早川（後

松本中学校時代の慶太(右)大井新次郎とともに

の菰田)万一郎は長野中学にその時に進学し第1回卒業生となっている。
この動きの背景にあるのは明治18年(1885)初代の文部大臣に就任した森有礼《もりありのり》の教育改革である。森は教育方針に関する意見書(閣議案)で、「今夫国の品位をして進んで列国の際に対立し以て永遠の偉業を固くせんと欲せば、国民の志気を培養発達するを以て其根本と為さざることを得ず」と主張し、国の発展・繁栄のためには教育が必要であると説いた。
森の海外駐在時代、たまたま憲法調査のために欧州に渡っていた伊藤博文は森とパリで会う機会を得る。伊藤はそこで聞いた森の教育論に深い感銘を受け帰国後すぐに森を日本に呼び戻し文教政策の中心に彼を据え教育改革を急いだ。

森はみずからの海外生活体験から我が国の国際的地位を向上させるためには教育における愛国心の育成が重要であるとの認識に立っていた。そして伊藤に「知識、道徳、体力をバランスよく発達させることが教育の目的であり、そのためには『気力』が必要だ」と述べたという。森のそうした考えは明快で、のちの高等師範学校（のちの筑波大学）時代の慶太の師となる嘉納治五郎もそこにおいては共感していたといわれる。

森の急進的な思想は国家主義的色合いが濃く「国体主義」と受け取られることもあり、国民を国家のために利用しようとすると批判を生み敵も多かった。


明治中期以降、国が少しずつ力をつけ豊かになるにつれその豊かさを享受する新中間層が増えてゆく。大正デモクラシーへの鳴動のなか人々の教育への関心は、子どもの個性の尊重や自由、主体性の追求に目が向けられるようになる。欧米の教育思想の影響を受ける一方で、それをみずから進んで取り入れる試みがこの時期に多くなされた。こうした動きは教育に限ったものではない。既にあるものを日本的にアレンジし加工するというのは日本のお家芸であり、それは〝猿真似〟と揶揄されようが日本の産業を発展させる成功要因にもなった。

　そうして自由教育が盛り上がろうとする一方でこれまで森有礼が進めてきた国体強化のための教育との間にせめぎ合いが生じ、そうした刺激がさらに教育問題への関心を高め、社会実験的に、成城学園、自由学園、玉川学園など数々の個性ある学校がこの時期に誕生している。

第6章

青木小学校と子檀嶺岳

青木村に戻り、志を秘め代用教員に

第6章

青木村に戻り、志を秘め代用教員に

明治33年（1900）3月、慶太は松本中学を卒業する。卒業生の多くが希望を抱き東京に旅立つ中で、慶太は青木村に戻り代用教員となる。実家小林家は父菊右衛門の事業の失敗も尾を引き上級学校に進ませるだけの経済的余裕はない。当時小林家の1か年の余裕が四、五〇圓だが、東京の学校に行くにはひと月だけで下宿料10圓を含め20圓くらいは要る。年間に換算して240圓、これは土台無理な話である。人一倍志が高く立身出世を目指し、負けず嫌いの慶太にとって代用教員の道を選ぶことは苦渋の決断であったことは想像に余りある。

慶太の代用教員の口利きをしたのは小学校時代の恩師小林直次郎。当時は師範学校の正式資格を持つ教員が不足していたことがあって無資格者で代用することが多かった。慶太が代用教員になった明治33年（1900）の小学校令改定においては、無資格教員による代用を正式に認め、「代用教員」は法令の根拠のある教員区分になっていた。

ちなみに代用教員は、在職中に教員検定を経て正式な教員を志す者だけではなく、上級学校に進学するための学資を得るために一時的になる者も少なくなかった。経団連第4代会長「怒号敏夫」の異名を持つ土光敏夫《どこうとしお》もそのひとりである。その土光の母親もまた日蓮宗に深く帰依し、土光自身も造船疑獄で拘留されたときに、拘置所の中で壁に向かって法華経を唱えていたという。「めざしの土光」で知られる土光は社員に「知恵を出せ、それが出来ぬものは汗をかけ、それも出来ぬものは去れ！」とげきを飛ばす一方で、役員には「役員は社員の倍働きなさい」と語っていた。私財を蓄えることをいさぎよしとしなかったところもどこか慶太の生き方と重なって見える。

慶太が浅草寺管長清水谷恭順《しみずだにきょうじゅん》に「信念のない人間には仕事が出来ない」と語った時、清水谷管長は「信念のなかで一番固い信念は、信仰からくるものだ」と返した。その言葉に同意し即座に「その通りです。南無妙法蓮華経によって成就せざることはありません」と答えている。実業界をけん引した土光と慶太、二人の信念の拠りどころがともに信仰にあったことが窺われる。

ちなみに土光が尊敬したのは、慶太の東大同期で経団連会長の先輩であった石坂泰三《いしざかたいぞう》である。石坂は『五島慶太の追想』に最初に登場する人物である。

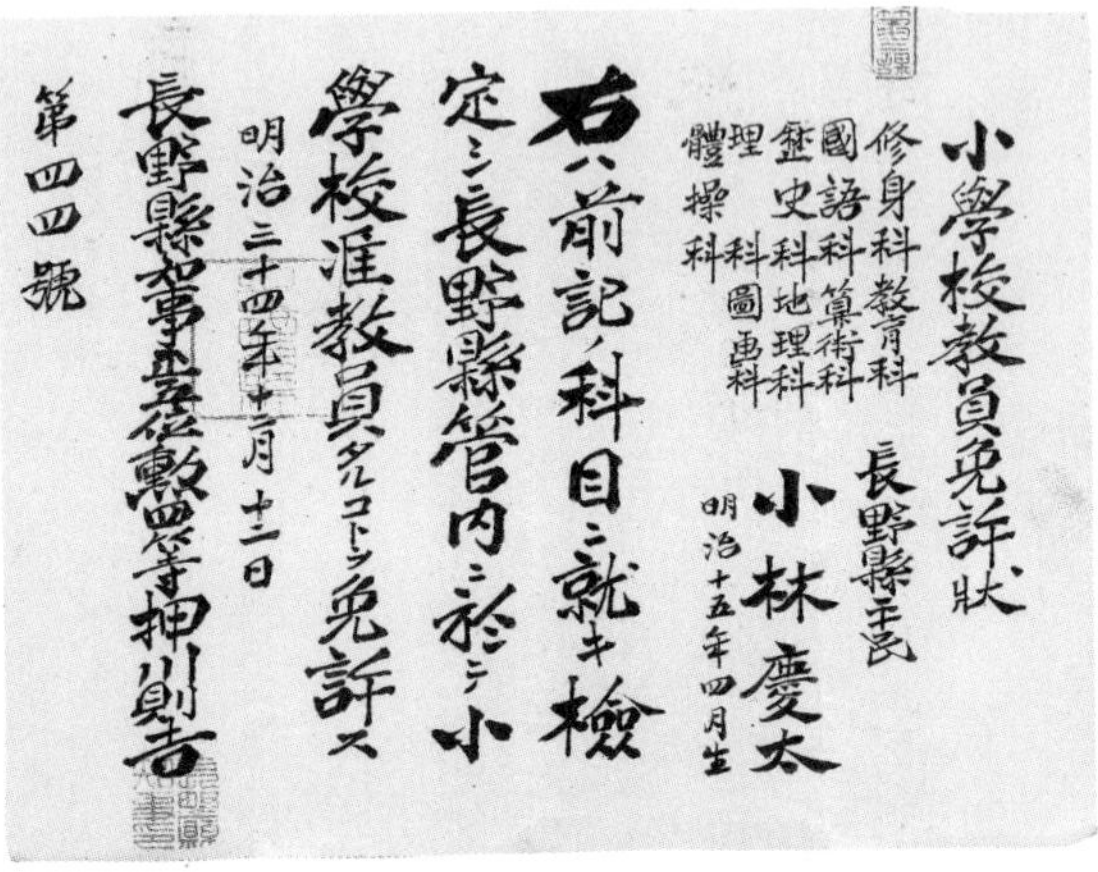
小學校教員免許狀

修身科　教育科
國語科　算術科
歴史科　地理科
理科　圖畫科
體操科

長野縣平民
小林慶太
明治十五年四月生

右ハ前記ノ科目ニ就キ檢定シ長野縣管内ニ於テ小學校准教員タルコトヲ免許ス

明治三十四年十二月十二日
長野縣知事正五位勲四等押川則吉

第四四號

明治34年　慶太の小学校教員免許状
青木村で教員として働いていたことを伝える貴重な資料

恩師小林直次郎の口利きで郷里の母校青木小学校の代用教員になり希望をつなぐことになるが、常に先を読む慶太はそこに留まらず遅れを取り戻すためにあきらめずに様々な手段を考えその先を見つめていた。家庭の事情を言い訳にせず、運命に妥協せず、腐ることなく教壇に立ち、上の学校に行くための資金をここで蓄えることとなる。しかし結果的に二年で代用教員生活から離れていることを考えると、学資を蓄えることよりも、ありとあらゆる手段を使い早く上級学校へ行くという強い意志がそこに見え隠れする。

　慶太本人は上級学校への進学を切望しながらも、代用教員としての務めもきちんと果た

明治29年９月に建設された青木小学校校舎

した。幼な友だちの小林亮一によると、教え子たちの話では「その教え方は懇切丁寧で、生徒の言うことを親切に聞いてくれる民主的な教員だった。しかし、校長先生や教頭先生というえらい人がいるのに、一番、学校の中で威張っていたのは、新参の慶太先生だった」という。そのやさしさにあふれながらも己を貫く痛快な生き方を思うと生徒たちに人気があったというのもうなずける。そもそも慶太は教えることが好きであった。それは事業を始めてからも生涯続くことになる。学ぶことが好きで教えることも好き、それは天才としての資質ではない。努力を重ねた秀才が学び得た能力であり態度である。

『もう一人の五島慶太伝』の著者太田次男

は次のように述べる。

「自分を信ずることが極めて強いだけに、次第に大きくなった自己が、今度は自分より未熟の後進の者に対しては、少しでもこれを高め、自分の程度にまで近づけることに専念する。正に、その為にこそ厳しさが伴うことになるのだが、同時に、そこには優しい反面も見られる。そして、これは確かなことだが、そこには、私心というものが微塵もない。まことに爽やかな、至純な魂がそこに窺える」

慶太の心のうちを見事に描いた表現である。と同時に父母の信仰心によって育まれた慈愛の心がまさに教育者としての適性を育んでいるようにも感じさせる。しかし他人が思う適性と本人の志とは必ずしも相容れるものではない。


慶太の志からすれば、小学校の代用教員に満足するはずはなく、「最低限」を果たしつつここを抜け出る機会を常に窺っていたのではないだろうか。慶太は既に青木村に収まる人間ではなくなっていた。

先の小林亮一によると、「学校に通う道すがらや、放課後の校庭で勉強に精を出している慶太の姿が村の話題になっていた」という。子どもの頃より運動よりも読書好きだった慶太だが、あの頃から変わらぬ慶太がそこにいた。

青木村の人たちの話からは本に書かれたほどは目立たない少年であったとよく聞くが、秀才の誉れ高く、上田中学の行き帰りを勉強に費やし、県内で最も歴史のある松本中学を卒業した慶太であれば少なからず村では尊敬の対象であったであろう。しかし本人の志はあまりにも高く、自分をよく見せようと周囲の歓心を買うことに興味を示さない。そんなことに浮かれる慶太ではなかった。そうしたことも相まって慶太が本当に村で知られるようになったのは事業家になってからであると村では言われている。

「金を使わずに学問をしよう。何も大学へ行かなくたって…、というわけで、高等師範へ進学したそうです」と小林亮一も『五島慶太の追想』で触れてはいるが、慶太の緻密な戦略と常人には計り知れぬ高い志を考えるとそれを真に受けるわけにはいかない。慶太にとって学問はそれ自体が目的のすべてではないからである。

それではその志はいかにして育まれるのか。生育環境か、家庭の教育か、それとも人との出逢いによるものか、その条件はどこにあるのであろうか。慶太は経済的にも地理的にも決して恵まれた環境にはいなかった。しかしそれで臆することはなかった。自分が置かれた環境に真正面から向き合い、そこで自分がどう生きるか、自分をどう生かすか、その選択を常に自らに求めている。だからこそ彼にとっては繰り返される不利な状況、挫折や失敗によってさらに強められるのである。絶望の淵に立ち、もがけばもがくほど自分が何ものかに生かされていることをそこで何度も何度も知ることになる。生かされていることを知った人間は「感謝」という言葉にたどり着き我が身を振り返り自分も誰かのために生きたいと心に刻むことになる。慶太の情に厚い生き方はこうして培われたのであろう。

慶太は『七十年の人生』のなかで、「人間として一番大切な道徳は何であるかといえば、私は他人のために自己を犠牲にするということであると思う」と書き残している。彼はみずからの人生の教科書を通して最後にそこにたどり着いたのである。

さて、とかく伝記の主人公は子どもの頃から人より抜きん出た神童として誇張されがちである。慶太自身が餓鬼大将と書かれることを咎《とが》めることなく受け流していた感があるが、青木村の人々からは少年時代の慶太を餓鬼大将、腕白坊主と聞いたことはない。運動は必ずしも得意でなく不器用なところもあるがそれでものびのびとしていたというのが実像のようである。そして女の子とトランプをするような心根のやさしい子どもでもあった。子

浦野川で遊ぶ子どもたち

どもゆえにやんちゃな曲がったことをすることもあったが、そうすれば父菊右衛門や母寿ゑからお灸を据えられることは目に見えていた。杓子定規に類型化は出来ないがこの手の子どもは、少数の身内の中で主導権をとっても、大勢を率いる餓鬼大将にはなり得なかったと思われる。

慶太は蜂の子採りが得意で、夏は水遊び、魚獲り、秋にはきのこ採りと活発な子であった。当時、今のような護岸もなくさらに清流であった浦野川では、ウグイ（この地方では、ホンバイ、ホンバヤともいう）やオイカワが多く釣れた。長野県上田市の千曲川流域では春から夏にかけて産卵のため遡上するウグイを「つけば」というこの地特有のしかけで獲る漁法がある。その「つけば」をかいくぐって浦野川にウグイはのぼってくる。それらを獲るのを慶太は楽しみにしていたはずである。信州では蜂の子が貴重なたんぱく源と言われることが多いが、川で獲れる魚もまた貴重なたんぱく源であったはずである。

きのこ採りも得意で「松茸」のあるところを子どもながらによく知っていた。採ってきた松茸を自分の家族だけでなく、近所にも分けていたというのはいかにも慶太らしい。赤松が多く分布する青木村は、現在においても質の良い松茸が採れることで有名である。

自然の恵み豊かなこの地で地域の人々に見守られながら慶太はすくすくと育ち、まっすぐに生きる素地を身につけて行ったのである。

さて話は変わるが現在の青木村には信号機が全部で5つある。つい最近までは3つであった。そのうちのひとつはかつての青木小学校（現在の青木中学校）の坂を下ったところにあるスクランブル交差点である。あまり車が通らない交差点をスクランブルにした理由を村役場の小林利行さんは教えてくれた。青木村の子どもたちが東京を訪れた際に渋谷のスクランブル交差点で戸惑わないようにとのことだという。なんと微笑ましい村の親心だろうか。青木村の人たちの子どもを見るやさしいまなざしは慶太の時代と変わっていな

青木村のスクランブル交差点と夫神岳

い。

今、急速に変貌を遂げる渋谷の街でスクランブル交差点は渋谷のシンボルとして変わることなく人々に愛されている。青木小学校の修学旅行先は先輩五島慶太の創り上げた渋谷である。普段通い慣れたスクランブル交差点を青木村の子どもたちが誇り高く堂々と渡る姿をつい想像してしまう。そこにかつてあぜ道の真ん中を腕を大きく振って我が物顔で歩く慶太少年の面影を見る思いである。

第7章

上野恩賜公園 不忍池に咲く蓮の花（東京都提供）

上京への道程
友情に支えられ
志に邁進《まいしん》する

第7章

上京への道程　友情に支えられ志に邁進《まいしん》する

青木村の代用教員になって1年が経ち、慶太に朗報が届いた。高等商業学校（明治35年（1902）に東京高等商業学校に改称、現在の一橋大学）の入学試験が7月にあるという知らせである。

慶太がそれを知り、急ぎ上京したのは明治34年（1901）6月21日である。一部の文献では上京は7月21日となっている。それは昭和12年（1937）6月3日、慶太が東横青年学校講堂において、新入社員に対し訓示を行った講話で本人がそう語っていることが根拠となっていると思われる（「我が半生の体験を語る」『清和《せいわ》』第4巻第7号所収）。がこれまでのいくつかの伝記に見られる通り、下宿に着いた時に星亨《ほしとおる》の暗殺の号外が出たというのが事実ならば、その日はひと月前の6月21日になる。

これに限らず慶太の伝記はおもに口述筆記と思われ、自身の記憶違いが散見される。それを本人の〝大雑把な性格〟と軽んじると事実を見間違う。スケールの大きな人間は些事

明治時代の不忍池
（明治26年『東京景色写真版』国立国会図書館デジタルコレクション）

にとらわれない。しかし凡人はそうとらえてしまう。そもそも見ているところが違うのである、先を読むことに長ける慶太にとって過ぎ去った日時などは些細なことなのだろう。今の時代においても大事を成す人は鷹揚さと緻密さをともに兼ね備えている。そういう人物は一見大雑把に見えてもすべてが大雑把なのではない、要所だけをきっちり押さえているのである。大雑把に見える人物ほど侮れない。

慶太が上野駅に着いたのは朝の3時か4時、初めての上京である。そこに郷里の幼なじみ早川（後の菰田）万一郎が待っていた。慶太は早川の下宿に落ち着くことになるがそれは本郷の湯島天神町にあった。上野駅から不忍池のほとりを歩けば20分程度、1キロ強の近さである。

上野公園の不忍池は蓮の名所として知られる。慶太が訪れた頃はちょうど一面緑の葉で覆いつくされた池にピンク色の大輪の花がいっせいに咲き出していたはずである。蓮の花は日の出とともにゆっくりと咲き出し、午後には閉じてしまう。早朝に開き午後に閉じ、これを3日間繰り返したあと、4日目には夕方ごろまで咲き続け、散っていく。美しくはかない蓮の花はその時間に開いていたのだろうか、その花に見とれる余裕が慶太にあったのだろうか、こうと決めたらまっすぐ前を見る慶太である、それは知る由もない。


この伝記の中心人物はまぎれもなく五島慶太であるが、不慣れな東京に降り立った時に郷里の幼なじみが駅で待っていてくれる、このエピソードひとつとっても、彼がどれだけ周囲の支えを受けていたかがわかる。

その本人早川(以下「菰田」と表記)は、殿戸村のとなり当郷(現在の青木村当郷)に生まれた。慶太と同い年ながら慶太が高等小学校を2年で修業したために1年遅れて明治32年(1899)に上田中学を卒業した。そのあとの足取りを明確に伝える文献が

明治時代の上野駅　当時は上野停車場と呼ばれていた
（『（東京名所）上野停車場』台東区立図書館デジタルアーカイブ）

なく、現時点令和6年（２０２４）8月のwikipediaでは、「松本本校を経て、旧浦和高校卒」となっている。しかし浦和高校が出来たのは大正10年（１９２１）で、それから20年後である。前身の浦和中学は明治11年（１８７８）の創立である。ちなみに慶太上京の前年明治33年（１９００）に校舎を新築し移転したと記録されている。それはともかく慶太の上京時点明治34年（１９０１）で彼がなぜ本郷にいたかが謎であった。その経緯が郷里の松本深志高校同窓会、埼玉の浦和高校同窓会関係者の尽力により解明できた。決め手となったのは松本深志同窓会関係者が見つけてくださった大正13年（１９２４）の『長野県長野中学校創立二十五年記念帖』の卒業

旧制松江高等学校第４代校長 菰田万一郎
（島根大学提供）

生名簿である。

判明した菰田の略歴は次のとおりである。

長野県尋常中学校上田支校を卒業後、その年明治32年（１８９９）４月に長野県長野中学校に編入、明治34年（１９０１）３月に卒業し、同年７月試験を受けて、第二高等学校（現在の東北大学）予科に９月に入学する。その後東京帝国大学文科大学哲学科を明治40年（１９０７）７月に卒業し、東京府立第二中学校に教諭として赴任、そのあと山口高等商業学校、松江高等学校で教鞭をとり、大正13年（１９２４）浦和高等学校に教授として着任、その後文部省（事務官）を経て、松江高等学校の第４代校長となる。そして昭和12年（１９３７）第四高等学校（現在の金

明治37年　東京高等師範在学中の慶太（中央）
大井新次郎（左）、菰田万一郎（右）とともに
（提供：東急㈱）

沢大学）第10代校長となり在職中の昭和14年（１９３９）に他界している。

以上の通り、浦和高校は、卒業したのではなく教鞭をとっていたのである。長野中学校の卒業生名簿の住所欄は浦和であるが、卒業生名簿の載った記念帖名簿を制作した大正13年（１９２４）は校名改称間もない浦和高校に菰田が着任した年でもあった。二十五年記念帖の制作を急ぐそのあわただしさの中で何らかの情報の行き違いがあり、それが誤解を招いたのかもしれない。

種々の伝記、文献において菰田は本郷に下宿を置いていたことを伝えているが、その理由については触れられていない。

菰田の目指す高等学校大学予科の入学試験は7月3日からで、慶太上京の6月21日はその前である。ということは、菰田は高等学校入学が決まってから上京したのではなくその受験準備のために上京し下宿していたことになる。しかも東京帝大のおひざ元の本郷に下宿しているということは第一高等学校進学を意識していたことをにおわせている。官報によると高等学校は一校から六校まで同時に5月に生徒募集をし、願書の到着期限も同時に6月5日であった。それまでに志望校をどこかに決めねばならなかった。長野中学卒業後に高等学校受験準備のために上京し、情報を収集しながら第一高等学校か別の高等学校に進学するかぎりぎりまで迷ったことが可能性として浮かび上がってくる。ここでもっとも注目すべきは、菰田自身、自分の身の振り方が定まっていない状況で、一縷の望みをつなぎたい慶太に高等商業学校の入学試験があることを伝えたことである。慶太の志望する高等商業学校の出願期間は6月17～20日で、入学試験は7月11日から。慶太は出願締め切りの翌日6月21日に上京したということになる。慶太にとっては薄氷を踏む思いだったであろう。

いずれにしろ菰田自身が自分こそが進路を定め勉強に集中すべき時に、郷里の友のために自分の大切な時間を割いたということである。そして自分の出願準備を済ませ追い込みにかからなければならない時に、下宿に友を住まわすという選択をしたことに二人の強い絆とともに菰田の人間としての心の広さと深みを感じざるを得ない。昨今の日本人の語彙力が貧相になったのか、それとも世相の変化か、〝竹馬の友〟という言葉が聞かれなくなって久しい。

慶太は、菰田が第四高等学校在職中に急逝した時に金沢に赴き弔辞を読んでいる。

「嗣子惟信君は小生の関係せる会社に奉職し、最近は、私が結婚問題まで立ち入って相談に当たっている。今日以降は、私が親代わりになって面倒をみるから安心せられよ」

その言葉に菰田家一家一門、感激にむせんだという。菰田惟信はのちに東急運輸代表取締役社長に就任している。ちなみに孫の菰田正信は現三井不動産代表取締役会長で、日本経団連副会長である。

一回の受験の助けの恩義のためにわざわざ金沢まで出向きこのような弔辞を読むとは思えない。おそらく受験の助けはやりとりの一端であって生涯にわたり菰田は慶太と熱い友情でつながっていたと思われる。

慶太は菰田の息子惟信のことを自身が亡くなるまで気にかけ、惟信が年賀で慶太のもとに参上するたびに「郷里にいる母は健在か、何才になった?おれとおまえのオヤジは同年だったからね」と声をかけ続けたという。遺影に向かい誓った言葉は嘘ではなかった。情けを胸に刻むことのできることが慶太の真骨頂である。仏教でいう「刻石流水《こくせきりゅうすい》」、〝受けた恩は石に刻め。かけた情けは水に流せ。〟である。

吉川英治（写真：アフロ）
慶太は吉川作品のファンであり
晩年まで交流があった

そもそも慶太の性格には、〝人たらし〟的な要素が多分に見られる。作家の吉川英治《よしかわえいじ》は慶太を〝秀吉的〟と称したが、不遇な環境に育ちながらひがみがないことを秀吉に重ねている。「すくすくとあの個性が伸びていって、なんら暗い影をもたない」と慶太を評する。〝人たらし〟の長所は我欲を見せないぶん、冷静に人を見抜き人を味方に引き込むことである。

そしてもう一つ、〝人たらし〟の極意は、〝甘え上手〟である。日本の臨床心理学研究の第一人者であった河合隼雄《かわいはやお》は、「自立を依存の対立概念と捉えないことが大切で、適切な依存ができる人こそ自立している」と生前著書に残している。端的に言うと、大人であるということはその人が自身のよりどころとする世界観を持ち、その上で〝甘え上手〟になれることである。日本において自立した大人とは自立と依存を使い分けられる人を指す。

慶太の無欲さに触れた人間は慶太の行いを我が事として応援する。そこに損得勘定の差し挟む余地はない。完ぺきな投影性同一視がそこに生じ、それが彼を支え、支える者も彼に支えられ、均衡のとれた心理的援助関係が成立するのである。これから社会に出て慶太はその持ち味をいかんなく発揮し人脈を広げてゆく。


しかし、慶太は高等商業学校の入学試験に失敗する。

「大体筆記試験は通ったと思ったら英語の試験で落っこちた」

神田一ツ橋の高等商業学校の掲示板に自分の名がなかったものだから、打ちひしがれて皇居のお濠沿いに歩き、やがて九段の池のほとりに辿りつきベンチに腰を掛けた。そして将来どうしようかと苦悶し夜遅くまで一日考えた。そのあげく「しょうがないからしばらく家に帰って小学校の代用教員でもやってみる」ことに決めた。

「人にものを教えると何でもよく頭に入るから、その間に勉強して、また来年試験に応じよう」と自分に言い聞かせるのである。この時の慶太の胸中はいかばかりであったろうか、失意を感じる間に感情に流されず次の方策を考える。あれほど感情豊かな慶太はその一方でこうした冷静な合理的判断に立てる。〝梅檀《せんだん》は双葉《ふたば》より芳《かんば》し〟である。

第8章

かつて青木小学校があった現在の青木中学校

捲土重来《けんどちょうらい》を期し、ふたたび郷里へ

第8章

捲《けん》土《ど》重来《ちょうらい》を期し、ふたたび郷里へ

高等商業学校の受験に失敗した慶太は、再び青木村に戻り代用教員を続けることにした。東京で慶太の受験の面倒を見た菰田は第二高等学校を受験し、明治34年（1901）8月8日の官報には合格者として名を連ねている。上田中学を1年遅れて卒業した幼なじみが先に高等学校に入って自分が遅れをとったことは負けず嫌いの慶太を発奮させたに違いない。二度と失敗はしない、自分の心にそう誓ったはずである。そしてここから逆転劇の幕が開く。

子どもの扱いが上手なことは慶太の天分である。そもそも人に教えるのが好きで、子どもたちをぞんざいにしない、やさしく親切な〝良き慶太先生〟は子どもたちの人気の的であった。しかし「何としてでも上級の学校に入って勉強しなければならぬ」と志に燃える慶太の胸の内を子どもたちは知る由もない。周囲には泰然と振る舞う田舎教師に映っていたであろうが、その心境は全く異なるものであったに違いない。

あれは10年近く前、代用教員になる慶太は浦里小学校高等科にいた。大井新次郎や菰田万一郎ら俊才ぞろいの中で頭一つ抜きん出て勉強が出来たという。他の伝記では慶太が小学生とは思えぬ鋭い質問をしたという逸話が語り草になっている。

歴史の時間に南北朝の話になった時、先生は一段と声に力を込めて話し出した。

後醍醐天皇を謀略したとして足利尊氏の逆賊ぶりを声高に語る先生に対し、「先生のおはなしで、足利尊氏の不忠なことはわかったが、建武の中興以後、そのころの武士を手のなかににぎり、ともあれ天下をとったのであるから、尊氏にもどこかよいところがあり、すぐれたところもあったのではなかろうか。尊氏のよいところ、すぐれたところもはなしてほしい」と先生を立ち往生させたという。（『五島慶太の生い立ち』）

『もう一人の五島慶太伝』の著者太田次男はこの点について、「この質問はこの年ごろの少年が、教室で独りではじめてもつ疑問としてはやや出来すぎていると思われる」と私見を述べている。

明治時代、政府は後醍醐天皇の南朝を正当としていたため北朝に味方した尊氏は逆賊と

山路愛山
（信濃毎日新聞　1976年9月4日より）

され、国の定めに従う学校の教員は、足利尊氏は悪人であると指導しなければならなかった。近代化を進めるための富国強兵殖産興業政策の中で、国民を一致団結させ国力強化を急ぐ、いわゆる国体思想はこうした形で歴史教育に大きな影響を及ぼしていた。

慶太は幼い頃から歴史好きの父菊右衛門からたくさんの話を聞いていてそれなりの知識を得ていた。その太田の指摘によると、のちに信濃毎日新聞主筆となる山路愛山《やまじあいざん》の存在が影を落としていた可能性があるのではないかという。

明治31年（1898）に信濃毎日新聞社長小坂善之助は、論客山路愛山を信濃毎日新聞

（以下、「信毎」）に主筆として招聘し、明治32年（1899）より明治37年（1904）まで愛山は信州で精力的な活動を展開する。社史によると「この間、得意の史論を書き、講演をし、信州の青年の心をつかんだ」と記述されている。愛山が着任した明治32年は慶太が松本中学在学中である。浦里小学校高等科時代から既に4年を経ている。太田が調べたところによると、明治42年（1909）の『時代代表日本英雄伝』の一冊として『足利尊氏』を著し、尊氏が武士の棟梁として大器であることをなに憚ることなく詳細に述べている。なおその序文には、「英雄は時代を作り、時代は英雄を作る」とあり、当時逆賊とされた尊氏への愛山の思い入れの深さを伝えている。

皇国史観に根差す思想統制の厳しい時代に、論拠をもって尊氏を賞賛し論陣を張った愛山には、ジャーナリストとして、歴史家として惜しみない賛辞を送りたい。

問題は年端もゆかぬ11～12歳の慶太がその時点で愛山を知っていたかどうかということである。実は太田によると、興味深いことに慶太の浦里小学校高等科在学時の明治27年（1894）、28年（1895）、徳富蘇峰創刊による『国民之友』の「日本戦記」の中でほぼ同趣旨の主張がなされているという。それを読んだ歴史好きの父菊右衛門が慶太にそれを伝えたか、もしかすると慶太自身が『国民之友』を直接読む機会を得ていたか、それは推測に過ぎないが太田の指摘も注目に値すると思われる。

ところで南北朝時代の歴史書『梅松論《ばいしょうろん》』において、後醍醐天皇、足利尊氏ともに親交の厚かった禅僧夢窓疎石《むそうそせき》によると足利尊氏を評して、「人徳を兼ね備えている上に、心強きこと、慈悲深きこと、寛容なことを持ち合わせ、末代にありがたき将軍なり」と絶賛している。無論、多少のひいき目は差し引かないとならないが…。

もし尊氏が本当に「逆賊」であったならば、対立した後醍醐天皇の崩御に際し、夢窓疎石の進言が仮にあったにせよその菩提を弔う天龍寺を建立したであろうか。

福岡大学名誉教授森茂暁《もりしげあき》は尊氏を「無私のカリスマ」と評した。少年慶太の指摘は正鵠を射ていたといえるのではないだろうか。

それよりも興味を惹かれるのは夢窓疎石の足利尊氏評である。まるであたかもその後の慶太自身を暗示しているように見える。尊氏と慶太のものの考え方がとても似ている。もしかすると慶太自身がどこかの時点で尊氏に親しみやあこがれを感じていたのではないか。

さて、山路愛山は父一郎が幕臣で維新の「負け組」の家系であった。その逆境の中で学問に励み、先の信毎の社史の通り、その影響力は絶大であった。「貧しさの中で向学心に燃える青年たちに共感をもって迎えらえた」と社史にも記されている。慶太が松本中学在学中の明治32年（1899）5月2日には信毎の論説に『学校壁外の青年　最も恐るべき勢力は是なり』を発表する。そこでは「貧乏人の家は大日本後来の運命を支配すべき人物の苗床なり。我輩は終日店頭に労作する職業見習い生の中にも、小学校の助教の中にも、郡役所の傭書記（筆者注：身分の低い雇われ事務員）の中にも、県庁の下級官吏の中にも、牛を叱りつつ野に耕す農夫の中にも、不幸にして寺院に身を託したる雑僧の中にも、偉大なる品性、卓越なる知恵の潜伏しつつあることを信ずるなり」と高らかに謳っている。みずからが苦労を乗り越えてきた経験を持つ愛山が信州をくまなく廻った。そこで青年たちと語り合い発せられた愛山の言葉は彼らの希望として重く響いたはずである。

当時、松本という地は、勉学の価値を何より尊んだ。かつ自由民権運動の余波を受けつつ「矯風会」と学校が対立する松本中学において、現実に根差した理想主義者愛山の言葉は彼らをどれだけ奮い立たせたかと思う。そしてまたもうひとりの〝現実に根差した理想主義者〟慶太も愛山の描く青年像を彼の生き方で体現していたように思うのである。

激動の明治の時代に人々が求める情報に対してメディアはほぼ新聞に限定されていた。そこにおける新聞の役割は大きく、人を変える力、社会を変える力を有していたと言っても過言ではない。それにより国家権力の統制を受けやすいことでの新聞人の闘いはあったと思うが、愛山のような体を張った発信とそれを渇望する市民とのせめぎ合いの時代を今から見ればうらやましくさえ思う。

愛山は、新聞は「一種の公共事業にして人民がみずから教育する為に設けたる一機関」で記者は読者の「公僕」であると宣言した。今においてもその愛山の系譜を踏む信濃毎日新聞の記者たちに妥協なき気骨と熱い魂を感じることが少なくない。信濃毎日新聞がその歴史を背負いこれからも「地方紙の雄」であり続けることを望む。

青木小学校は、慶太の時代は高等科がなく浦里小学校に通ったが、明治28年（1895）に高等科二年を併設している。慶太は代用教員として三年生、四年生に地理や歴史、算術を教えた。さて慶太はそこで子どもたちに歴史をどのように教えていたのだろうか。自分が先生をたじろがせた尊氏についてのやり取りを忘れているはずはない。

慶太の代用教員時代は日清戦争に勝利した明治28年（1895）と日露戦争開戦の明治

37年（1904）のはざま、軍靴の足音が鳴り響いていた時代である。日清戦争のあと徳富蘇峰は帝国主義に転向し論調が変わった。山路愛山も帝国主義、軍国主義に傾斜し、急進的平民主義と言われた『国民之友』は社員を失い読者を失い、既に廃刊に追い込まれていた。

慶太に迷いはなかった。青木小学校で一番威張っていたのは新参の代用教員の慶太先生だと言われていたが、これを傲岸不屈《ごうがんふくつ》な性格の原型のようにとらえる気持ちもわからないことはない。上級学校を目指し登校の道すがらも校庭にいても一心不乱に本を読み続けなければならなかった慶太には、周囲に気を遣う余裕などなかったはずである。

のちに恩師小林直次郎、若林若次郎の顕彰碑を建立するほどの恩義に報いる慶太の心情を察すれば、単に「威張っていた」のではなく、自分が今何をしなければならないかを常に考えるゆえに、「感謝」の気持ちを封印していたとみる方が事実に近いように思える。

慶太に次のチャンスが訪れたのはそれから半年後であった。東京高等師範学校の受験である。12月に生徒の募集がありそこに応募して、翌年1月に受験した。

明治35年～44年東京高等師範学校予科入学志願者及び入学者

順位	県名	志願者	入学者	倍率
1	長野	280	80	3.50
2	兵庫	262	65	4.03
3	新潟	328	61	5.38
4	福島	259	47	5.51
5	茨城	348	42	8.29
6	福岡	246	41	6.00
7	三重	201	39	5.15
8	千葉	240	37	6.49
9	群馬	212	36	5.89
9	岡山	179	36	4.97

※『東京高等師範学校沿革略志』1911をもとに著者（根本）作成
※２位に兵庫が入るが、当時の校長嘉納治五郎が兵庫県出身であることも関係しているかもしれない。

当時試験は各府県の県庁で行われた。地方庁で受験が出来て、学費が支給されるなど人気があり、全国の平均倍率が６・６０倍にも上った。

慶太も長野県庁で受験した。今度は見事に念願の東京の学校への入学を果たした。

実は明治後期10年間（明治35～明治44年）の東京高等師範学校への入学者数は長野県が最も多かった。それぞれの県の様々な事情はあるのだろうが、県としても高等師範学校への進学を奨励していたようにも思える。そもそも長野県の江戸期の寺子屋の数は人口比日本一であったが、明治初期の就学率は全国最高で、明治8年（１８７５）「筑摩県《ちくまけん》」と旧「長野県」の就学率はそれぞれ72％、59％で、全国平均35％に比べるとかなり高率であった。これが「教育県長野」と言われるゆえんでもあった。

高等商業学校も東京高等師範学校も官立の著名な学校であったが、家計が苦しく学業の夢潰えぬ若者にとって官費支給は大きな魅力であった。慶太も当然それに頼るしかなかった。しかし凡人と違うのは、そこで商売人になるとか教師になるとか、そうした具体的な職業選択をゴールにしていないことである。

「将来先生になるということも面白い仕事だと思ったものだ。先生がいやになったら、またほかの仕事をやってもいいじゃないか、というので代用教員を辞して高等師範学校の英文科に入った」と本人は語る。そこに何かの職業に収まろうという切迫感が伝わってこない。突き抜けた志を抱き、とにかく上京して学校に入りたいということがすべてであったようである。

どんな職業に就くとか、東京に出て働くとかそんな小さな夢ではなく、世のため人のためどんな人間になろうかという壮大な夢を描き慶太は生きていた。努力を重ね大きく成長しそこで自分に何が出来るか、そこに思いを寄せ、あとは天命に任せる。信仰に篤い慶太の両親に幼い頃からこのことを学んだのではなかろうか。そこにのちに印象づけられる強引な性格とは違う慶太の一面がある。両親は、学はなくても努力と信仰によって道が拓《ひら》かれることになんら疑いを持たない生き方をしていた。この親にしてこの子ありである。

生家小林家の末裔小林《こばやし》正博《まさひろ》・規子《のりこ》さんご夫妻の話によると、慶太は上京するときに小林家の位牌を作り持って行ったという。彼は両親のことも郷里のことも忘れていない。郷里を離れてなお、先祖と郷里を思い、苦しいときは両親の姿を思い浮かべながら位牌に手を合わせたはずである。その位牌がどこにあるのかその行方は今はわからない。

第9章

嘉納《かのう》治五郎《じごろう》 運命の師との邂逅《かいこう》

筑波大学に建つ嘉納治五郎銅像（筑波大学提供）

第9章

嘉納《かのう》 治五郎《じごろう》 運命の師との邂逅《かいこう》

明治35年（1902）慶太は東京高等師範学校英語部に合格した。

この年に広島に第2の官立高師が設立されたことに伴い東京に元々あった「高等師範学校」は「東京高等師範学校」に改称したばかりであった。「高等師範学校」は、明治19年（1886）師範学校令により、教員養成のためにはじめて設立された官立専門学校である。初代校長は伊藤博文の信頼厚い森有礼の要請で旧会津藩家老山川浩を陸軍歩兵大佐のまま兼任で迎えている。これは明治新政府が師範教育に軍隊的規律の導入を考慮しての人選であった。山川は同年12月には少将に進級している。そもそも高潔な人格者ではあったが、教育者というよりは天性の軍人であった。戊辰戦争を生き延び、敵将であった谷干城に認められ、新設された陸軍の要職に抜擢された。自尊心の高い山川は西南戦争ではその谷の片腕として陣頭に立ちながら、胸中では「会津藩名誉回復の戦争」と位置づけ並々ならぬ思いで戦いに臨んだ。そうしたなかで得た成功体験を背景に師範学校でも輪をかける

東京高等師範学校全景
(『東京高等師範学校一覧　明治41年４月-42年３月』
国立国会図書館デジタルコレクション)

ように軍隊式を導入していくことになる。明治23年（１８９０）には貴族院議員に勅選され教育よりも軍事・政治に力を発揮した。

嘉納治五郎はその山川と入れ替わるように校長に就き、「軍隊化」方式を緩和し、スポーツを通した人材育成を教育方針の主軸に据えた。軍隊式の統制を好む山川への周囲の批判も多かったが、嘉納もまた歯に衣着せぬ言動がたたってか、文部省の役を解かれたり東京高師の校長にも三たび就くなど苦労を繰り返している。有能ではあっても人とぶつかることも多く、決しておとなしくはなかったようである。

嘉納治五郎は山川浩の軍隊教育に反対したが、山川を推挙した森有礼にも痛烈な批判を浴びせている。

「自分の最も失望したのは、森有礼氏の師範教育に於ける功績の余りに挙がって居らなかったことであった。外観から見て居れば、森氏は大いに師範教育に心を注ぎ、東京師範学校を師範学校と改めて大に力瘤《ちからこぶ》を此処《ここ》に入れたようにきいてゐたが、自分の考ふる処では、森氏の着眼はよかったのであるが、同氏自身が教育のことに精通せず、素人考へでかれこれ案をたてて之を実行した結果が、存外効果が挙がらなかったといふ始末になったのではあるまいか。…又、森氏は兵式体操を奨励し、軍隊教育の如く教育者を教育しようとした。…師範教育に最も必要なるは、教育の力の偉大なることを理解し、教育の事業の楽しきことを知り、仮に外面から受ける待遇が肉体的にも精神的にも十分でないとしても、教育事業そのものを楽しんで職に当たる、これ教育者の魂である」(『嘉納治五郎の教育と思想』長谷川純三)

明治はこうした批判がまかり通るおおらかな時代であった。しかし批判する側も相応の代償を覚悟していたであろうことはこの時代のさまざまな事件の顛末からじゅうぶん推察できる。しかし失うものを恐れずおのれを通す人がいた時代がまぶしく思える。

嘉納治五郎師範（写真提供：講道館）

嘉納は筋金入りの実践教育家でその明快な主張は学生たちに強く響いた。

嘉納は校長でありながら、「修身」を受け持ち、1週間に1回予科生全員を湯島聖堂隣りの大成殿に集め講義を行っている。

『七十年の人生』の中で慶太は嘉納をこう述懐する。

「『なあに、こんなこと』『なあにくそ』そういうことよきりしか教えない。初めは変なことだと思っていたが、先生は柔道の恰好で太い腕っ節を出して講義をやった。『なあに』という精神が一番必要だ。どんなことにぶつかっても『なあに、これくらいのこと』というように始終考えろ。すべて物事を大きく考えたならば必ずおじけを生じてふるえてしまって成功しない。どんなことでも物事を小さく考えて、『なあに』という精神だけ養え。こういう講義を実に一年間聞いた。高等師範在学中、英語とか歴史とかいろいろ教わったが、そんな事は今ではどこに残っているか分からない。はっきり頭に残っているのは嘉納先生の『なあに』だけだ」

嘉納治五郎は慶太の人間形成に大きな影響を与える。青木村の少年時代と違い慶太の自我が確立されていく青年期に嘉納をはじめとする多くの卓抜した人々との出逢いによって慶太は自分を形づくってゆく。第2章で引用した森信三は言葉を換えて次のようにも語る。
「一人の人間の心の目が開かれるのに、師の人格の導きによることが如何に重大な力を持つか」

慶太の凄いところは自分が学ぶべき師に次々と巡り会うことである。これは偶然とは思えない。慶太の向上心がこうした出会いを引き寄せているのである。

全日本柔道連盟のホームページ資料によると、嘉納は現在の兵庫県の御影郷に生まれ、生家は菊正宗酒造を経営する嘉納家の分家であった。父治郎作《じろさく》は廻船業を営み、幕府の軍艦奉行勝海舟のパトロン的存在だったと言われている。治五郎は恵まれた環境の中で官立開成学校（のちの東京帝国大学）に学ぶ。英語力や実学だけでなく国際感覚や哲学的素養も身につけていった。特に当時ダーウィンの影響で『適者生存』を唱えるスペンサーの思想に傾倒していたと言われている。そして日本女子大学や郷里の旧制灘中学校の設立にも尽力した。

嘉納治五郎はなにゆえに嘉納治五郎足り得たかと考えると、そもそも身体が弱かったこと、体格に恵まれなかった劣等感がそこに大きく影を落としていたようである。「ＮＨＫ歴史秘話ヒストリア」（２００９・９・30放送）によると、〝東京大学に通う、線の細いインテリ青年だった。いじめられていた治五郎は強くなりたいという一念で、日本古来からあった柔術を習い始める〟と紹介されている。身長１６０センチ足らずの治五郎は当時としては際立って低い身長ではなかった。しかし彼はそれに引け目を感じ強さを求めた。

嘉納は人を育てることに長けていたが、その背景には以上のような自身の体験が大きく関わる。ひ弱なインテリの嘉納はいじめられることも多くその克服のために父の反対を受けながらも柔術を学んだ。しかし流派によって教えが違うことを知り、やがてみずから道場を開くことになる。研究に打ち込み、自らの創意工夫を加え技術体系を確立するとともに、柔術の「柔よく剛を制す」の柔の理から「心身の力を最も有効に使用する」原理へと発展させ、それを「精力善用」という言葉で表し、その原理を社会の進歩や発展に貢献する、それを「自他共栄」と説いた。治五郎は母から「人のために尽くせ」という教育を受けており、その影響がまぎれもなくそこにあらわれる。

嘉納にとっては、もはや「術」ではなく自己完成をめざす「道」の境地に至り、その道を講ずるところの意味で自身の創った柔道の聖地を「講道館」と名付けたという。（全日本柔道連盟のホームページより）

体格に劣る者が何をもってそれを補うか、それは「型」によって威厳を示すことに求めたと説明することはできないだろうか。柔道は「礼に始まり礼に終わる」と言われるように、礼儀を重んじ自己鍛錬にその価値を置く。そこには体格ではない人間としての器量の大きさの物差しを見出すことができる。その精神こそが世界に受け入れられたのではないだろうか。昭和39年（１９６４）、先の東京オリンピックの時に、無差別級を制したアントン・ヘーシンクは、優勝を喜んだオランダのコーチ陣が土足のまま畳の上に上がろうとするのを制した。のちにヘーシンクは「嘉納師範の教えです」と語ったという。

柔道の神髄を会得し小柄であっても堂々と振る舞うその嘉納にあって教壇での柔道着は

明治38年　東京高等師範学校在学中、23歳の慶太（下段右から２番目）

体の一部であり〝戦闘服〟であり〝舞台衣装〟であり、また〝正装〟であったはずである。

その嘉納の、弱さを克服する強さをもって聞く者を圧倒する実践哲学と慶太のこれまでの生き方が共振し、慶太はそこに自身を鍛え上げるためのエネルギーの源泉を見出したのではないだろうか。

慶太は学費がすべて官費で支給されるという幸運に甘んじず、誰よりも真剣に勉学に励んだ。教授の遅刻すら許さず、みずから教授室まで呼びに行くというのは多少のスタンドプレイは拭いきれない節はあるが、勉学に臨む姿勢の強さを見せつけているのは事実である。しかし面白い事実もある。スポーツを奨励する高師にあって慶太は時間が惜しいことを理由に柔道だけをやっていたが、「本科になって同じクラスに細田秀造という有段者がいると、負けず嫌いの五島君は、柔道から遠ざかってしまった」と友は追想する。負けず嫌いが微笑ましい。

明治35年（1902）慶太が高師を受験したタイミングで折しも日英同盟が締結されている。アジア侵攻をもくろむロシアに対してそれを阻止しようとするイギリスと日本に共通の利害が生まれた。ならば英語を生かしてどう道を切り拓こうとするのが常人の発想であるが、軸のぶれない慶太にその選択肢はなかった。

ちなみに日英同盟締結の立役者はあの高等師範学校初代校長山川浩の家の書生だった柴五郎である。柴は義和団の乱における北京城籠城でたった500人足らずの各国の混成部隊を率い、20万の敵を相手にその危機を乗り越えたことで一躍有名になった。「日本は素晴らしい指揮官にめぐまれている。この小男は、いつの間にか混乱を秩序へとまとめており、私は、自分が既にこの小男に傾倒していることを感じている」と共に戦った英国人シンプソンは柴を称賛している。この働きが欧米列強の信頼を勝ち取り日英同盟締結の下地を作ることになったのである。

第10章

藤村ゆかりの宿　田沢温泉ますや旅館

道求め
苦悩する藤村
慶太との幻の交錯

第10章

道求め苦悩する藤村　慶太との幻の交錯

慶太は東京高等師範学校入学後の夏休みには青木村の田沢温泉に学生仲間と連れだって「ますや旅館」に泊まって〝合宿〟をしたという。実は同時期に島崎藤村がますや旅館に逗留している。

明治26年（1893）に木村熊二《きむらくまじ》によって私塾として創設された小諸義塾は明治32年（1899）に旧制中学校の教育課程を実施、そのタイミングで島崎藤村を東京から招聘する。

木村熊二は藤村16歳の時に神田の共立学舎で英語を教え、藤村が明治学院在学時に洗礼を授けた牧師である。彼は幕府においては勝海舟に仕え、明治になって森有礼の渡米に随行し、彼の地でキリスト教を受洗している。帰国後は自由民権運動にも傾倒し、佐久出身の活動家早川権弥《はやかわごんや》の導きもあって伝道のために信州に移り小諸に小諸義塾を開設する。木

小諸義塾女子学習舎第一期生集合写真
前列左から３番目が木村熊二塾長、後列左端が島崎藤村
（小諸市立藤村記念館提供）

村の精力的な活動は当時思想家として名を轟かせていた山路愛山や内村鑑三らの共感を呼び彼らはここで講演を行っている。

木村に私淑する藤村はその理想の実現を追うリベラルな校風に惹かれこの地に移り住み、その藤村を慕って小説家徳富蘆花や田山花袋、民俗学者柳田国男、画家の青木繁ら多くの知識人が小諸を訪れている。

明治34年（１９０１）４月には小諸に新たに女子学習舎が開校した。６月には生徒の料理実習のための田沢温泉行があり藤村は同行している。その時にもしかすると田沢温泉が気に入り、それがきっかけで8月の再訪があったのかもしれない。藤村は田沢温泉のま

島崎藤村（小諸市提供）

すや旅館に逗留し、『千曲川のスケッチ』の創作に取り組むことになる。

この時期、浪漫主義文学のけん引役であった藤村は詩作の世界と決別し自然主義文学への転向を模索する重要な局面にあった。「情人（情事の相手）と別るるがごとく」と本人が語るほど苦悩と希望が入り混じる胸中であったと思われる。

浪漫派詩人島崎藤村はその前の10年間、過酷で壮絶な時代を過ごした。教え子との許されぬ恋そしてその相手の病死、敬愛する北村《きたむら》透谷《とうこく》の自殺、兄の収監、母の死、大切な人たちとの別れのつらさを味わい尽くし、その悲しみを振り払うように詩作に没頭する。わず

藤村ゆかりの地　小諸市の懐古園三之門（小諸市提供）

か3年の間に4冊の詩集を出しそれで詩の世界から徐々に離れていく。既に心は浪漫派と形容するにはあまりにかけ離れた傷心の中で、あらゆる美化を否定し自然の事実を観察し「真実」を描き切ることに価値を置く自然主義文学に傾斜してゆく。「自分を見つめる」ことにしか行き場を求めることが出来ない藤村の胸のうちはいかばかりであったろうか。

のちの自分の作品の中で自身の過ちさえもあらわにし、社会的非難を浴びることはしばしばあった。母校明治学院大学の公式ホームページは、「愚直と言えるほど誠実に、その現実にとどまり、格闘しました」と抑制的に記している。自然主義文学とはいえ、のちに自分の姪との道ならぬ関係を『新生』に著《あら》わ

懐古園の天守台　園内には藤村の詩碑が建立された（小諸市提供）

した時の社会的非難は相当なもので、芥川龍之介に「老獪《ろうかい》な偽善者」と言わせたほどである。

人生の破れ口に立たされた藤村は青木村を訪れ、これまで磨き上げて来た詩的感性をもって千曲川流域の様子を生き生きと描写した。それが『千曲川のスケッチ』である。そのあと明治38年（1905）に藤村は小諸を離れ再上京、翌年『破戒』を自費出版、筆一本の小説家に転身した。自然主義文学へ転向した最初の作品『破戒』を夏目漱石は、「明治の小説としては後世に伝ふべき名篇也」と絶賛した。維新以降の西欧化政策が上滑りし日本がそのアイデンティティを失うことを憂

藤村が逗留していたと伝わる、田沢温泉ますや旅館「藤村の間」

いていた漱石にとって我が意を得たり、と思うことがあったのかもしれない。青木村は日本の自然主義文学を代表する小説家島崎藤村誕生に至る重要な舞台だったのである。

現在のますや旅館の女将宮原岳子《みやはらたけこ》さんによると、当時、三十前の若い藤村をますや旅館の人々はただの書生（明治期において、他人の家に住み込み雑用を任される学生）と思っていたという。深い悲しみを背負いながら新しい世界に向かってゆく藤村をますや旅館の人々は間近に見られたことを後世の私たちからすればうらやましく思うばかりである。

その藤村が明治38年に退職した翌39年（1906）、財政難により小諸義塾は閉校し

学生時代の慶太は、菰田や大井らの友人とともに、ますや旅館で合宿していたという逸話が残っている

た。代わって小諸町立小諸商工学校が誕生、現在の長野県小諸高等学校（以下、小諸高校）・小諸商業高等学校に引き継がれている。小諸高校の公式ホームページによると令和8年（2026）、「長野県小諸義塾高等学校（仮称）が開校予定」とある。地元の人々が百年を遡って小諸義塾を創った先人に対し畏敬の念を抱いていることが感じ取れる。そもそも小諸義塾は塾長の発意ではなく、小諸の青年たちの勉学に燃える意欲によって木村熊二を担ぎ出して設立されたのである。それを追うように女子学習舎も続いて設立された。ともに民の思いによって民がみずからつくった学び舎なのである。そこに小諸の人々の郷土に生きる誇りと覚悟が気高く伝わってくる。

慶太の東京高等師範入学が明治35年（1902）で、それは藤村が青木村に逗留した翌年にあたる。藤村と慶太が同時にますや旅館に泊まったのならそれは凄いことであるが、それは残念ながらあり得ない。

だが、藤村逗留の明治34年（1901）は慶太が青木小学校の代用教員をしていて、その8月はまさに東京高商を落ち失意の中、村に帰ったタイミングである。もしかすると過去を断ち将来に向かう藤村と、落胆から立ち直り早々に腹を決めて代用教員に戻り、捲土《けんど》重来《ちょうらい》を期す慶太先生が青木村のどこかですれ違っていたかもしれない。置かれた状況は違えど、自分の力を信じ未来に賭けるふたりがかつての青木小学校下のあの〝スクランブル交差点〟ですれ違っていたかと思うと運命の交錯に心が躍《おど》る思いである。

波乱の人生を送った藤村であり、島崎家自体も波瀾万丈のように見られている。しかし長兄筋の子どもたちは皆優秀で、藤村の姪の子であるひとりが日本の精神医学の基盤を作った島崎敏樹であることも覚えていたい。名著『生きるとは何か』は精神医学の立場から専門家以外の人に生きることの本質を語りかけ多くの人に希望を与えた。これを読み涙

島崎敏樹著『生きるとは何か』岩波書店

した人は少なくない。

島崎は人間を「個々の症状の寄せ木細工としてではなく、人格の深みから孤立化していく人間像としてとらえなおそう」と主張した。その系譜を継ぎ島崎敏樹の伝記を著わした精神科医井《い》原裕《はらひろし》は自著にこう記す。

「島崎は、近代文学の立役者島崎藤村の血を引き継ぎ、繊細で、病的なまでに研ぎ澄まされた感受性をもち、人々の心を洗練された名文で表現しました」

文学者は世情の変化や人の心の変化に鋭敏で、それゆえに名文を残す。だがそれは自分自身の心の傷つきやすさと対をなす。人に多くの希望を与えながら自分自身がその苦しみから逃れられないという宿命を負う。島崎敏樹自身も『生きるとは何か』を上梓した翌年に自死している。

話を藤村と慶太に戻す。藤村はその人生において鋭すぎる感性が少なからず影響し、いくつものつまずきを抱えながら生をまっとうしそれを作品に残してきた。藤村に学ぶべきは、自分がなにゆえにつまずいたのかということを常に直視し、そこから逃げずにその事実に向き合ったことである。自分の弱さをごまかさずそれを直視できることこそ人間の本当の強さであり、自然主義文学の巨匠として後世に名を残す由縁である。

一方慶太はというと、ほぼこうした意味でのつまずきはない。内向する文学者と違い、窮地に陥った時に行動を起こしそれを乗り越えてきた。この理由には少なからず慶太の生育環境が関係していると思われる。決して家庭は裕福とはいえなかった。しかし家族からも青木村の人々からも多くの愛情を注がれて育ち、よほどでないと悲観するほどの孤立感を持つことがない。自分の外と内とがつながっており生きる土台がしっかりしているのである。だから苦悩はあるが迷いはない。情の心を宿しながらもそれを吹っ切って前へ進む、文学者と事業家の違いがここに大きく表れているのではないだろうか。

しかし、生きるということの本質を考えたときに、人それぞれ背負うものは違い、置かれた状況は違っても、根っこにあるものは大きく変わらないのではないか。藤村と慶太しかりである。問われるのは自分の運命を受け止めて自分がどう生きようとしたかである。何を成すかではない、何に喜びを求め、何に納得するかである。それは島崎敏樹のこの言葉に込められている。

「生きるとは、連れとともに不動の地盤の上に立ち、
　暗い過去を背負って、天を仰ぎながら、
　光にみちた未来へ進んでいくいとなみである」

第11章

現在の三重県立四日市商業高等学校（四日市商業高等学校提供）

燕雀《えんじゃく》安《いず》んぞ鴻鵠《こうこく》の志を知らんや
四日市商業から帝大へ

第11章

燕雀《えんじゃく》安《いずく》んぞ鴻鵠《こうこく》の志を知らんや

四日市商業から帝大へ

東京高等師範学校を卒業した慶太は、明治39年（1906）4月はるばる三重県立四日市商業学校に英語科教授として赴任した。当時の四日市商業学校は単なる地方の一学校ではない。高師卒の初任地になるほどの神戸商業学校、横浜商業学校に次ぐ名門である。

赴任した学校で生徒から慶太は「気取らず、威張らず、天真爛漫で愉快な先生」と映っていた。青木村で代用教員をしていた頃と何ら変わらない。

「先生には寄りつきがたいという感じもありましたが、反対に、親しくしたい、側に寄りたい、という矛盾した気持ちにかられたものです」

前にも書いたが慶太はどちらかというと〝人たらし〟である。媚《こ》びることなく相手を無意識に自分を応援させるように仕向ける才がある。人たらしは、誰にでもいい顔をする八方美人とは真逆の位置にある。

四日市商業学校　教員時代の慶太（提供：東急㈱）

そしてもうひとつ、教師はかくあるべき、という教師としてあるべき自分を追求する堅苦しさを持ち合わせていなかった。別な言い方をすると教師らしくなかったことが生徒たちに慕われる理由だったのではないだろうか。

生徒たちの評判とは裏腹に職員室ではうとまれる存在だったようである。慶太自身も、校長をはじめ同僚たちに教育者たる心意気を感じられず、落胆を禁じえなかったようだ。そうしたこともあって慶太と職員とは次第に距離ができ、慶太はひとり勉学に励むことになる。

「燕雀《えんじゃく》安《いず》んぞ鴻鵠《こうこく》の志を知らんや」

現代語に訳すと、〝燕《つばめ》や雀《すずめ》のような小鳥(小人物)に、どうして鴻《おおとり》や鵠《くぐい》のような大きな鳥(大人物)の志がわかるだろうか〟という意味である。

漢詩に明るい慶太はこのくらいの知識は当然あったはずで、わが身が置かれた状況を的確にあらわすこの言葉を支えにしていたかもしれない。ここを住処とし安寧を求めるならば、自分を殺して協調を重んじたはずである。もしそうしたのなら無理して自分を偽ったぶん反動形成が露呈し、そこに合わせようとしない者を批判し排除する。生徒たちにも高圧的になったかもしれない。しかし志高い彼は自分を〝売る〟ことがなかった。〝適応〟を拒んだのである。ほとばしる激流の中で未来をまさぐるがごとき慶太の孤独な志を仲間たち教師には推し量るすべはないし、一緒になる煩わしさから推し量ることすらあえて拒むだろう。慶太の孤独が伝わってくるようである。教え子たちとのその後の交流を考えると、あの教え子たちこそがこの時の慶太の最大の理解者だったようにも見える。

おしなべて現代における教育の現場においても同じような不遇にさらされ、仲間から距離を置かざるを得ない孤独を抱える崇高な教員があちこちにいるのではないだろうか。適応しないことでアイデンティティを守る。かつて公民権運動の指導者マルティン・ルーサー・キングはこれを〈創造的不適応〉と呼び、みずからを鼓舞し体現した。

雨宮敬次郎
（国立国会図書館「近代日本人の肖像」）

慶太の借りていた部屋を訪ねた生徒によると、部屋には原敬と雨宮敬次郎の二枚の写真が飾ってあり、「この二人が、日本の代表的人物だ。俺もこのような人物になりたい」と口癖のように言っていたという。

原敬は当時、岩手出身の平民宰相として人気を博した誰もが知る人物である。はたして慶太が目をつけたもうひとり雨宮敬次郎のことを生徒たちは知っていたのだろうか。雨宮は日本の実業家・投資家で「天下の雨敬」「投機界の魔王」そして「明治の鉄道王」と言われた男である。何の因果か慶太より先に「鉄道王」の異名をとっていた。いわゆる「甲州財閥」と呼ばれる集団の一人で、「政治の伊藤博文、金の安田善次郎」とともに「事業の雨宮敬次郎」とまで言われていた。東京市街鉄道や大日本軌道といった鉄道事業の推進だけでなく、日本製粉の設立や植林事業にも携わった人物である。

慶太は著書のなかでは札幌農学校（現在の北海道大学）のウィリアム・クラーク博士を尊敬しているようなことも書いている。もし慶太が真の教育者を目指していたのならば、当時名を馳《は》せたクラーク博士や内村鑑三を掲げてもいいはずなのに政治家と事業家の写真を掲げていることに彼の本心がうっすらと透けて見える。この事実ひとつをとっても教育者として学校に腰を落ち着かせようとする強い意志が見えてこない。

ちなみにその雨宮を小田原急行鉄道（現・小田急電鉄）創業者利光鶴松《としみつつるまつ》はこう評する。

「雨宮君は政権や財閥の保護を受けず、全く独自、一個の奮闘によって、何びとの助力も受けず、種々の事業をやったのは偉い」「人物の価値については色々いう人があるが、事業家としての道義上においても傑出した点があった。大ていの事業家は事業そのものに死に身になれず、権利株を売り飛ばしたり、株を売って金もうけをしようとのみ心掛けているが、雨敬君はその身体も、その財産もすべて事業に賭けて、一身を事業の盛衰と共にするだけの雄々しい信念と覚悟があった。要するに雨敬という一人物について学ぶべき点は事業に熱心であったこと、精力の旺盛であったこと、不撓不屈《ふとうふくつ》の奮闘精神があった点である。人物がどことなく鷹揚で大きかった」と述べている。

まるで慶太がそののち雨宮を範として生きたかのように思わせる記述である。

尚、利光は慶太が東京高等商業学校受験のためにはじめて上京したその日に暗殺されたあの星亨の側近であった。明治34年（1901）6月21日午後3時過ぎ、東京市会議長に就任していた星は、東京市庁参事会議事室内で市長・助役・参事会議員らと懇談中、元東京市四谷区学務委員の伊庭想太郎（心形刀流剣術第10代宗家）によって刺殺された。

星は、数々の汚職疑惑で当時から金権政治の権化と評されているが、私生活では慎ましく実直であったと言われる。後任の逓信大臣原敬も「淡泊の人にして金銭についてはきれいな男」と評し、また、政治学者中村菊男によると「世間に伝えられているスキャンダルは、政敵の悪宣伝か、門下生や壮士のそれが多かったものと思われる」ともいわれている。星の存命中に限らず現代の政治家でも女性関係の醜聞は珍しくないが、星に関しては彼を非難する側でさえもその潔癖さを認めざるを得なかった。また、書生を含めて家中の者に対する面倒見が良かったと伝えられている。みずからの資産形成に関してはうわさとは異なり無頓着であったようで、暗殺後に明らかになった星の遺産は1万円余りの借財のみだったという。

明治は国が飛躍的に成長を遂げる中で社会のここかしこにひずみを生み出し安定感を持ち得ぬ時代だった。その渦中にあって気骨に満ちた立派な人物が何人も凶刃に倒れている。星と同様に不遇な死を遂げた男に安田財閥の安田善次郎がいる。彼を殺害した朝日平吾は「国家社会を無視し、貪欲にして卑しくケチで長らく民衆の恨みを集めている」と犯行理由を述べている。しかし安田の実態を朝日は知らない。安田は私腹を肥やすどころか匿名で多額の寄付をしていた。「財が出来れば、それに応じて慈善的に寄付するのは、人として先天的に義務である。しかし、寄付を世間に知らせるのは、慈善の根本に反している」という〈陰徳陽報〉が彼の信念であった。死後判明した寄贈物の中に帝大（現在の東京大学）の講堂があった。「安田講堂」そこに彼の名を後世に残すことになる。

ところで話は慶太に戻る。慶太が学業を修めていた頃、日本は日清日露戦争の勝利を経て勢いづき、一気に列強の一角を占めるような高揚感に包まれていた。国が軍備増強を推し進める一方で国民の暮らしそのものは江戸時代と大きく変わっていない。今でこそ一人当たりの国民所得は慶太の生まれた時代の約30倍になったが、それが飛躍的に伸びたのは太平洋戦争が終わってからのことである。それまではきわめて緩やかな上昇を見せるだけであった。国民は困窮とはいえぬまでも慎ましく生活するのが精いっぱいで、そこで慶太にも兵役義務と学資の調達をどう切り抜けるかという難問が重くのしかかる。

慶太は四日市商業学校時代、商業学校の教員の他に四日市高等小学校の訓導（筆者注：師範学校を卒業した正規の教諭）を兼務している。菊入・上條によると、「小学校訓導を兼務すると兵役服務が短期で済むので辞令だけもらったらしい、と教え子たちが座談会で語っている。三年の兵役のところ慶太は5月から6週間の「短期現役」になった」ということであるが、これは明治22年（１８８９）の徴兵令大改正によって、「師範学校の卒業証書を有する満28歳以下の官公立小学校教員」に関しては当時一般の兵役が現役3年であったが6週間で済まされることになった恩恵である（「短期現役兵」『改訂新版世界大百科事典』／平凡社）。このためには商業学校の教員だけでなく小学校の教員である必要があった。

明治39年　守山三十三連隊に入隊
6週間の短期兵役であった
（提供：東急㈱）

慶太は中学卒業後、家計の事情で同級生から大きく後れを取っている。これまでそのことにはあまり触れられていないが自尊心の強い慶太にその焦りはあったはずである。それを考えると兵役をいかに短期で済ますかは進路の選択を迫られた時の大きな判断材料であったと思われる。

慶太は四日市に赴任して間もない明治39年（1906）5月31日に名古屋の守山三十三連隊に入隊した。兵営に入って間もない暑苦しい夜に素っ裸で床に就いたことが巡回士官に見つかり、こってりあぶらをしぼられ、また射撃訓練においてはあまりに的を外し、それもあって上官に目をつけられた。

しかしその巡回士官が、慶太が東京高師出身だということを知り、自分の陸軍大学校受験のための英語の教授を慶太に頼み込むことになる。慶太はそれを引き受けたことで訓練よりも上官への英語の教授が優先され、上官に逆に目をかけられるようになった。

実はここに慶太の真骨頂がある。慶太は受験に失敗し、青木村の代用教員に戻る時に、「人にものを教えると何でもよく頭に入るから、その間に勉強すればいい」と自分を納得させた。おそらくここでも同じことを実践したと推察する。官報の記録を見ると当時の陸軍大学校の英語の試験問題は他の学科に比べれば特に難しくはない。帝国大学においてもまたそれほど難しいとは言えない。慶太は上官に教えながらみずからもそれを受験勉強の一環にしていたと考えられる。兵役の期間さえも無駄にせず次のステージに向けての準備に当てていたのである。

四日市の教え子のひとりは『五島慶太の追想』で兵役に就いたことに関して、「(慶太先生は）消灯後も、そっと電気をつけて勉強をされたとみえて、軍隊というところは勉強もできない、といっておられました」と語っている。

もうひとつが学資の捻出の問題である。教育制度が刻々と変わる時代にあって、その時々の情報を入手しそれをうまく活用している。

当時の高等師範学校卒業生服務規則によると、慶太の在籍した本科の卒業生は全額支給を受けた者は7年、一部支給を受けた者は5年、自費生も3年、教育に関する職務に従事する義務があり、更に全額支給者はそのうち3年、一部支給者は2年を文部省指定に従って奉職する義務があった。おそらく本来は文部省に指定された通りに3年の奉職予定であったと考えられる。

実は高等師範学校卒業生服務規則第7条に「服務年限中の卒業生に自費を以て分科大学高等師範学校専修科及び撰科に入学志望の者あるときは時宜に依り許可することあるべし」とある。この規則を巧妙に利用して自分の道を切り拓いたと推察される。

慶太は、四日市商業学校英語科教授と四日市高等小学校訓導で月給45円を得ていた。当時巡査で8円の時代である。慶太は自伝のなかで、のちに大学に入ってから「教員生活中に貯えたわずかな金はその年のうちに消費してしまったので、たちまち学資に窮してしまった」と告白する。ということから自費で入学したということが推察され、これが先に触れた第7条を活用した裏付けとなる。

それにしても慶太の教育へのそもそもの思い入れはどれほどだったのであろう。慶太はその人柄、性格から教師にはうってつけだったことに異論を差し挟む人はいないであろう。しかし本人の意思はそこにはなかった。

「私は元来、教育事業そのものには十分興味を持っていたのであるが、一度学校に赴任してみると、校長をはじめ同僚一般がいかにも低調で、とうてい共に仕事をしてゆくに足りないものばかりなので、これではとてもしかたないと考えるようになった」

一見理にかなった説明であるが、この説明はよく考えると慶太らしくない。言い訳がましくもあり腰が引け、慶太一流の強い信念がここでは感じられない。

これは昭和28年（1953）慶太が71歳の時に発刊された『七十年の人生』の記述であるが、この発言はどうもあとづけのつじつま合わせの印象を受ける。

また『七十年の人生』にはこうした記述もある。

「中学から高師と卒業してみると、次第次第に視野も開けてくる。このままでは将来何になるだろうかと不安にもなり、やるなら最高学府の大学に入ろう、そして大学を出て一つ世の中と勝負してみてやろう、こういう決心をしてその翌年の4月か5月だったかと思うが、四日市の商業学校をやめて上京した」※

※『五島慶太の追想』の年譜では、明治40年9月に四日市商業を辞任となっているが、自著『七十年の人生』では、「（赴任の）翌年の四月か五月だったと思うが、四日市の商業学校をやめて上京した」と記述している。

太田次男は自著『もう一人の五島慶太伝』の中でこう見立てる。

「この二校（筆者注：東京高師と東京高商）とも官立の著名な学校であったが、慶太青年の主たるねらいはいずれもその給費生の制度に目をつけたわけだ。げんに、結局入学した高師ではこの制度を利用して学業を終えている。…つまり目的はともあれ官費ならどこでもいいわけではなく、心の中で決めた本当の志望は政治家にほぼ定まっていたのだと思う」

さて果たして、太田の言うように慶太は初めからそれを計算していたのか、それともそれを踏まえてあえて教員が一生をかけるに値する仕事かどうかを一度見極めるために四日市に向かったのか。慶太の分析力と構想力からしたら前者の可能性が高い。教育の現場に失望したことが教員を離れた理由のように本人は説明しているが、むしろそれは赴任前から織り込み済みだったといっても合点がゆく。慶太の綿密な計画は並の人間からすれば〝奇策〟にさえ映るが、のちに帝大に入るくらいの才覚があればこのくらいのことは出来て不思議ではない。

中学3年の時に抱いた大臣になるという志は慶太の心にしっかりと根付いており、ここで立ち止まってはいけないと見切りをつけたと考えるのが妥当である。

スマイルズの「自助論」の「天は自ら助くるものを助く」の一句に心を打たれ、「人間としてこの世に生まれた以上、何か社会の文化なり、国家の富なりに、多少でも寄与することをやりたい、男子の一生涯をかけるに足る何かをやりたい、後々まで残る仕事をしたい」というほど高邁な志を抱く慶太にとって、一度足を踏み込んだ教育の世界からも学ぶものが多かったはずである。そしてそこに無駄な時間を過ごしたという後悔のつけ込む隙もない。むしろその体験が晩年の教育事業に賭ける礎になる。

慶太は考え抜いた末にすっぱりとけじめをつけて次の居場所となる帝大に向かって歩み始めるのであった。

第12章

東京大学本郷キャンパスの赤門（©The University of Tokyo）

帝大入学
しなやかに
したたかに心強く

第12章

帝大入学　しなやかにしたたかに心強く

「(明治40年) 9月に帝大の政治学科の撰科に入学し、10月に第一高等学校の卒業試験を受けた。この試験はなかなか大変で、器械体操で大いに苦しんだことをいまだに覚えている。しかし幸いにパスしたので、直ちに法科大学の本科に転じた」と慶太自身は『私の履歴書』で回想する。この〝直ちに…転じた〟から慶太の心中を読み取ることができる。

「撰科」は、旧制高等学校の卒業資格を入学条件とする「本科」とは大きく異なり、旧制中学校卒業の資格でも入学が許された。しかし図書館の利用などに制限を受け、修了しても学士号は与えられなかった。

東京帝国大学哲学科の撰科に学んだ西田幾多郎は「当時の撰科生というものは誠に惨めなものであった。無論、学校の立場からして当然のことであったろうが、撰科生というのは非常な差別を受けていたものであった。…撰科生は(図書館の)閲覧室で読書することがならないので、廊下に並べてあった机で読書することになっていた」と述懐する。

明治44年　東京帝国大学法科4年、29歳の慶太（右）

また京都帝国大学英文学部撰科に在籍した菊池寛も「僕は撰科生であるから、一隅に小さくなっているほかはなかった。自分は学問には自信があったから、撰科生たることに絶えず屈辱を感じていた」と伝記に記している。

しかし入学後に「大学予科学力検定」に合格すれば、本科に編入が出来、それまでの撰科の在学期間も通算して4年で修了することができ学士号が与えられた。「大学予科学力検定」は旧制高等学校で学んだ者と同等の学力を見るものである。慶太は器械体操、具体的には鉄棒の懸垂で苦労したといっている。運動の苦手な慶太にとっては大きな問題だったかもしれないが、高い学力の要求にこそこ

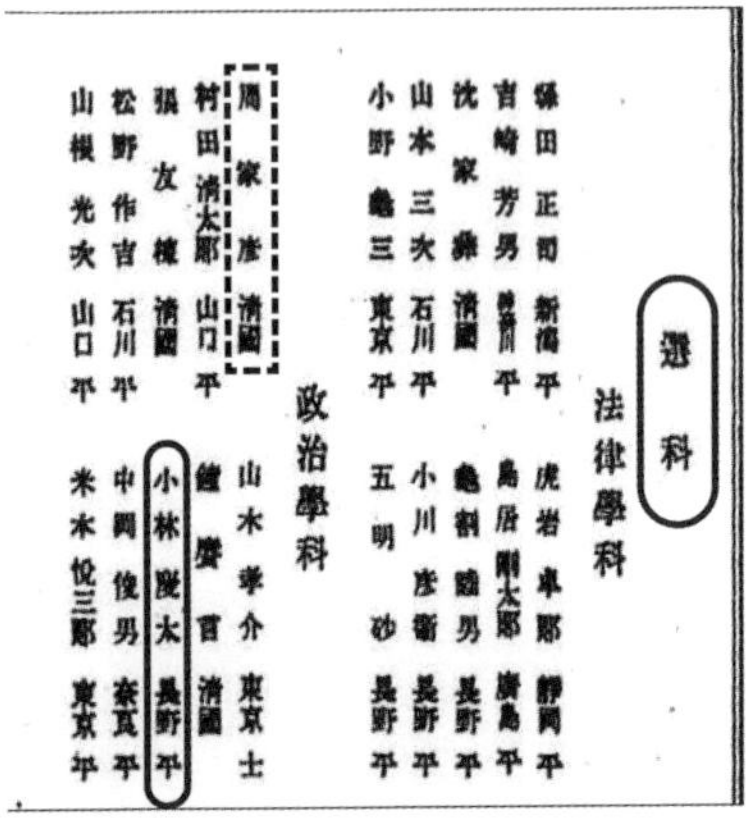
選科

法律學科

篠田正司 新潟 平
吉崎芳男 香川 平
沈家彝 清國
山本三次 石川 平
小野亀三 東京 平
虎岩卓郎 静岡 平
鳥居剛太郎 廣島 平
亀割盛男 長野 平
小川彦衛 長野 平
五明砂 長野 平

政治學科

周家彦 清國
村田清太郎 山口 平
張友棟 清國
松野作吉 石川 平
山根光次 山口 平
山木孝介 東京 士
鍾賡言 清國
小林慶太 長野 平
中岡俊男 奈良 平
米本悦三郎 東京 平

明治42年、選科生３年目の慶太の名前が掲載されている
(『東京帝国大学一覧　明治42-43年』国立国会図書館デジタルコレクション）

の試験の真骨頂があった。本人は語らないが四日市商業学校からの地道な努力の結実あってこその合格だったのである。

実は『東京帝国大学一覧』によると、慶太が本科の学生として名を記すのは最終学年の4年生においてである。3年生から4年生にかけての本科編入の経緯は不明である。「大学予科学力検定」を何度、いつ受けたのかも謎である。本人はそのことに触れていない。もしかすると『私の履歴書』を書いた晩年には嘘偽りなく忘れていたのかもしれない。

慶太は撰科に籍を置くものの、当初から「完全に本科生のつもり」で〝当然の如く〟4年で修了すると思い込んで学業にあたっていた

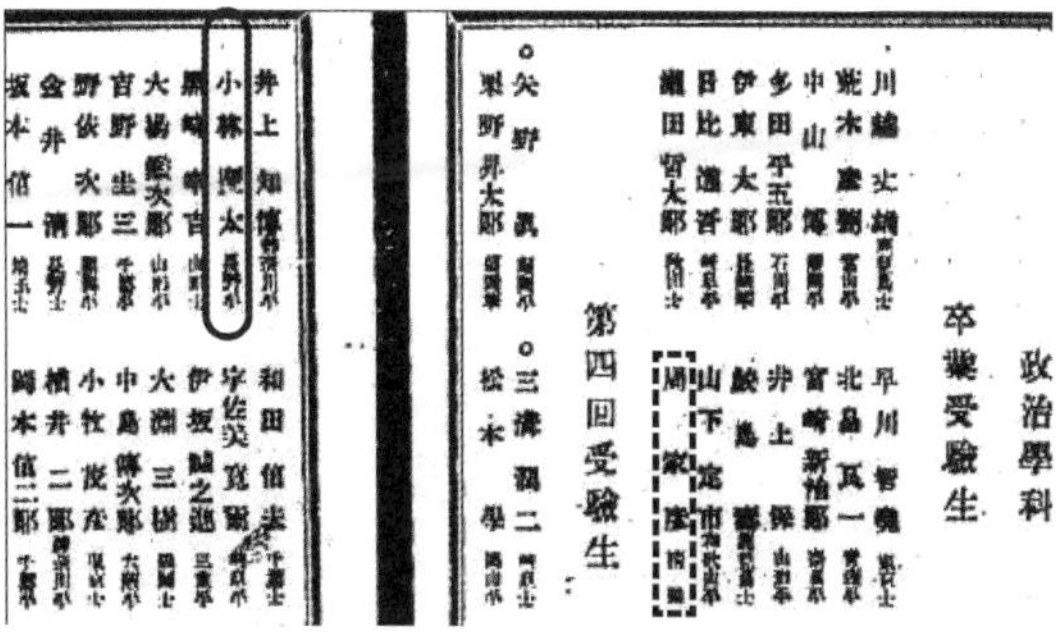

明治43年には、同じく選科から編入した周家彦氏ら４名とともに、
慶太の名前も本科４年生として掲載されている
(『東京帝国大学一覧　明治43-44年』国立国会図書館デジタルコレクション)

しかし明治43年10月に行われた入学宣誓式の名簿においては、周氏たち４名は大学予科学力検定による本科編入と明記されているが、慶太については名前すら掲載されていない。よって予科学力検定とは別の方法で編入したと考えられる。

という見方も慶太ならありうるかもしれない。

　これはのちに鉄道院に入り、「総務課長心得」に昇進した時に「『心得』とは何事だ！　俺は『課長』のつもりで仕事しているんだ！」と『心得』の文字を自分で消して捺印していたというエピソードとどこかつながる話である。口に含んだものが咀嚼できないとわかればすぐに吐き出す。社会の動きや自分自身のことを遠望することを常とする慶太にとっては目先の役職や地位など取るに足らぬ問題である。大志をもって事に当たる慶太らしいといえば慶太らしい。

　ところで、東京高等師範の同期卒業に大江

武男がいる。大江は東京高師卒業後すぐ「大学予科学力検定試験」に合格し、東京帝国大学政治学科「本科」に入学している。慶太は四日市商業学校に赴任中にその事実を知り、ライバル意識に火がつき帝大を目指す意思を固めた可能性はある。

通常の学齢であれば東京帝国大学を卒業すべき歳に入学した慶太であったが、それを挽回して、最短の4年で卒業し、先に卒業した大江に追いつくように同年ともに難関の文官高等試験に合格した。その力の源は彼持ち前の負けん気の強さなのであろう。

そしてもう一人、幼馴染の菰田万一郎の存在が帝大時代の刻苦勉励に拍車をかけたと考えても不思議ではない。菰田は中学卒業が慶太より一年遅いにもかかわらず、第二高等学校（現在の東北大学）を経て3年早く帝大に入学している。郷里が自分と菰田を比較しているだろうことを慶太なら意識しないはずがない。しかしそういうことにあえて触れる慶太ではない。

周囲からすれば努力しているように見えても、けっして自分から努力しているそぶりを見せたり、ましてや吹聴したりしない。真の努力家とはそういうものである。

帝大時代の同級生にはのちに外交官になる矢野真がいた。第一高等学校を首席で卒業した秀才である。「同じクラスに、めずらしい人が二人、撰科生としていました。高師を出られた五島君と、陸軍の委託学生の山村英太郎中尉でした。ほかが高等学校卒業者だった関係で、両君には知人が少なく、教室でも孤独に近い存在でした」と『五島慶太の追想』に記す。その一方で「学生時代の五島君は、おとなの風格があり勉強への意気込みが違いました。…とにかく、その知識欲の旺盛さには敬服せざるを得ませんでした」と惜しみない賛辞を送っている。

当時、矢野は学資を補うために雑誌の投稿をしていて、その関係で五島が世話になっている富井政章《とみいまさあきら》の家に出入りするようになる。そこで慶太とは同級生のなかで一番親しくなる。矢野は慶太の人柄と志に心酔し、それがのちに事業で追い詰められた慶太を救うことになる。

慶太は、実業界に入ってからの辣腕ぶりの印象そのままに、幼少期から傲岸不屈と印象づけられている。しかし東大時代の慶太は、時間があれば大学の図書館にこもり、読書に明け暮れる勉強の虫で、同級生の視線では、おとなしく友達があまりいなかったといわれている。先の西田幾多郎や菊池寛の言葉から推察すると、慶太もまた撰科生としての肩身の狭さを感じていたに違いない。しかし菊池寛と同じくその悔しさをバネに本科に編入した。劣勢のなかでも常に先を見て自分を鍛錬するのが慶太である。何事も本気でやれば言い訳や愚痴を並べない、のちに彼自身そう語っているがこうした体験に裏付けられているのだろう。卒業が視界に入ったころ慶太は本科に編入する、心中その安堵はさぞ大きかったと思われるのである。

慶太の性格と計画性を考えると、入学後の学資のことは四日市商業学校に見切りをつけた時点で、節約して貯金をしていたはずである。東京高師時代の経験からどのくらい生活にかかるかは当然見越して備えをしたはずが、数か月で簡単に底をついてしまうことになる。

あれだけ溜めた金ではあったが、勉学以外の浪費もあったようである。慶太とて若い男子、そのことはのちに自分でも語っている。

東京高等師範学校の学資は官費で賄えたが、帝大は基本、自費である。郷里小林家の家計を考えると両親に学資・生活費の工面を頼める状況ではなかった。まして教員を辞めて帝大に入学したことは自分の意思によるものであり、甘えは許されなかった。

せっかく帝大に入れたのにここで諦めるわけにはいかない。思案のはてに東京高師で師事した嘉納治五郎校長に相談することにした。さっそく訪問すると、嘉納治五郎は、慶太を温かく迎えてくれた。

嘉納は東京高等師範の卒業式の時に一人ひとりに声をかけていた。そこで「皆が教師にならなくてもよい。実業界でも政治方面でも、自分に自信があり、社会が認めて是非来てくれと望まれるなら、その方面で活躍せよ」という話もしたという。

嘉納は教員養成を自身の職業的使命の中心に据えつつも、教育の本質を深く捉えて、より広い視野での人間形成を主軸に考えていた。柔術を柔道と名を変えたことでわかる通り嘉納は、人間の完成を目指すことを東京高等師範でも教え子たちに説いた。教員の育成よりも人間の育成に主眼を置いていたのである。嘉納は単に柔道を普及しただけでなくそうした彼特有の強固な人への想いが海外からも支持され、日本人初のＩＯＣ委員にもなりえたのではなかろうか。

一方で慶太は法華経を生き方の土台に据え、自分が社会を動かし国家を動かすことを切望することを考えていた。二人は師弟関係でありつつ、在学中から気脈は否応なく通じて

富井政章
（国立国会図書館「近代日本人の肖像」）

いた。

だからこそ気概ある生き方を心がける慶太の来訪を嘉納は喜ばぬはずはなかった。

慶太にとって嘉納との出会いは運命ともいえるものである。嘉納が一貫して教えた「なあに」の精神は慶太を支えてきたしこの後の人生においても何度も窮地を救うことになる。

唯一無二の稀代の実践教育家である嘉納治五郎に出会えたことは、慶太にとって人生の財産ともいえるほど意味深いことであった。慶太は終生嘉納を師と仰ぎ、嘉納にとって慶太はよき弟子であった。そのことは互いが認め合っていたに違いない。

でなければ嘉納は教師の道を捨てて帝大に入った慶太に富井政章ほどの大物を紹介するはずがない。のちに富井に慶太は厚情を受けるわけだが、信念が明確で人の好き嫌いが明確な嘉納に紹介してもらえたことは正解であった。慶太が嘉納と気脈が通じたように、約束されていたかのごとく富井と気脈が通じることになる。こうした人間関係の作り方を計算ではなく感覚として慶太は備えていた。

学資に困る慶太が、自分の学資を自分で稼ぎたいと嘉納に伝えたときに、嘉納はその志を褒め、笑顔で、「ちょうど良い家庭教師の口がある。家庭教師をやって帝大に通いなさい」とやさしく言葉を返してくれたのだった。

紹介されたのは民法学者富井政章博士。富井政章とはいかなる人物か、民法起草委員のひとりで日本近代法学の祖といわれる法学者である。帝国大学法科大学長、立命館大学学長を歴任し、このの ち枢密顧問官に任官されその功績により大正15年（1926）には華族に列し男爵に叙されている。富井はその実績だけでなく人柄にも優れていた。人格高潔、温厚篤実、当然周囲の信頼も厚く、「富井さんに会ったらどんな人でも頭が下がるというくらいの人格者」と慶太自身も評している。そしてその慇懃さと緻密な用意周到さから慶太は多くを学ぶことになる。

唐沢俊樹（提供：東急㈱）

その息子周《あきら》が仙台の第二高等学校を志望しているので家庭教師として慶太は富井家に住み込むことになった。

東京高等師範を卒業し、四日市商業学校で1年半とはいえ教育訓練の実践を積み、さらに刻苦勉励の末、撰科とはいえ東京帝国大学に籍を置く慶太は息子の受験を案ずる富井を納得させるものがあった。それに富井は明治以降の四民平等を推進する民法学に身を置くだけ、貧しい平民でありながらここまでの道のりを歩んできた慶太の努力に格別の敬意を払ったのであろう。

目標を持ちつつもその目標をいたずらに狭めずあらゆる可能性を受け入れる、だめなら別な道を探る。苦労を重ねながらもその鷹揚で屈することのない生き方は人を惹きつけ、おのずと道が拓けてくる、これが慶太の生き方である。

慶太の視野の広い屈託ない教え方は、四日市商業の教え子たちの言葉から容易に想像がつく、周は慶太になつき、翌年には富井念願の第二高等学校に入学する。当時二高の校長は、三好愛吉であった。慶太が松本中学五年生の時松本中学の支校から独立した長野中学初代校長というよしみもあって、周のことをよろしく頼んだ。また周の同級にはたまたま信州山形村出身で松本中学の後輩、のちに慶太の生涯の友となる唐沢俊樹がいた。こうした縁のつなぎ方には目を見張るものがある。

周が念願かなって二高に合格したことで慶太が富井家に居る理由がなくなった。しかし同家を辞すとたちまち生活に困窮することは火を見るより明らかであった。富井は学資を出すと申し出てくれたが、富井家に長らく暮らしそんな経済的余裕がないことはじゅうぶん知っていた。富井は社会的には高い地位にありながら、国家より受ける俸給のみで生活していた。それも決して高い俸給ではなかった。一銭の余裕すらないことは一緒に暮らした慶太は痛いほどわかっていた。俸給以外の収入を求めない高潔な生き方に慶太は畏敬の念を抱きそれゆえに富井家に残るわけにはいかなかった。しかしのちに結婚の仲介までしてくれる関係になった富井との絆は長く続き、富井の最期には慶太が時間を割き病床に寄り添ったという。その主人亡き後も富井家のさまざまな相談にことごとく応じていたと富井家の娘婿で経団連副会長であった植村甲午郎《うえむらこうごろう》は回想する。

「主人が死亡して未亡人の時代になると、とかく疎遠になりがちになるのが普通であるが五島さんについては例外であった」「五島さんが運輸通信大臣になられたとき、一番喜んだのは、富井の老母であった。（中略）老母のこのときの情景が、いまでも忘れられない」（『五島慶太の追想』）五島慶太のこういう人柄を知る植村は、「世評など空しい」と追悼文を締めくくっている。

第13章

加藤高明の故郷、愛知県に建つ普選記念壇（鶴舞公園提供）

傲岸不屈《ごうがんふくつ》は化身か それとも覚醒か

第13章

傲岸《ごうがん》不屈《ふくつ》は化身かそれとも覚醒か

富井家を離れることにした慶太はたまたま大学で陸奥伯爵奨学資金による給費生募集の掲示を見つけた。「陸奥伯爵」とは、幕末に坂本龍馬に仕え、明治になって外交官・政治家として華々しく活躍したあの陸奥宗光《むつむねみつ》である。郷里の家族に学資を工面してもらう当てのない慶太にとって奨学金の話は渡りに船であった。さっそく富井に相談したところ、自力で学問に励もうとする慶太の気持ちを嬉しく思い、奨学金の詮衡《せんこう》委員のひとり加藤高明を紹介してくれることになった。詮衡委員は加藤の他に神田乃武男、増島六一郎、穂積八束、睦奥潤吉の計五名である。

慶太は加藤に呼ばれ、富井の推薦状を携え牛込佐内坂の屋敷を訪ねた。英国赴任が間近に迫った加藤の気がかりは奨学金の詮衡委員のことより、息子の厚太郎の進学のことであった。教育係を探していた加藤は慶太に会って即座に息子を託すに値すると見抜いた。その場で息子の学友兼教育係として加藤家に住み込むよう慶太に申し入れた。長男が夭折

加藤高明
（国立国会図書館「近代日本人の肖像」）

しているだけに残された次男、一人息子になった厚太郎にかける愛情は半端ではなかった。

しかし仕事は別である。冷徹で峻厳な性格の加藤は簡単に人を信じない。じっくりと話をして人として使えるかどうかを見極めるのが常であった。加藤に最後まで付き従った、のちの首相浜口《はまぐち》雄幸《おさち》でさえも官吏の時に5時間にもわたりさまざまな問題を出されそれについての意見を求められ試されていた。それからさらに一週間後に3時間同じことをやらされ、やっと親しい態度で接してくれるようになったという。

人格者の誉れ高い富井の紹介があったとはいえ、はじめて会った慶太に即座に信頼を寄せたのは加藤としては極めて異例であろう。富井の息子周を第二高等学校に合格させた実績とともに、富井家で培った慶太の堂々とした態度に加藤は感服したと思われる。と同時に自身の直観を信じたのであろう。

こうして慶太は家庭教師代を貰うほかに、全国の優秀な学生のために与えられる「加藤奨学金」の給費生に採用してもらえることになった。慶太はなに不自由なく加藤家に寄宿し、学業に励めるようになったのである。

加藤は陸奥亡き後、外務大臣の小村寿太郎とともに外務省を背負うひとりと目されていた。しかし小村と加藤は必ずしも良い関係ではなかった。今ひとつそりの合わない小村の命で加藤は対露政策上重要課題となっていた日英関係の強化に向け特命全権大使として英国へ旅立つことになっていたのである。

ここで気になるのは、加藤に親近感を抱く慶太が実際にどのくらい加藤と接点があったかということである。当時の第二高等学校の新学期は9月11日からである。富井周は明治41年（1908）9月11日に入学する。それを受けて慶太は富井家を辞したので最初の出会いはその頃である。一方加藤はその年の暮れも押し迫った12月17日に妻と長女を従え、新橋駅を発ち英国に向かった。慶太が加藤と顔を合わせたのはせいぜいその3か月間である。

当時、官吏には願い出て休暇を与えられる「賜暇《しか》」という制度があった。実際、加藤も明治44年（1911）9月から明治45年（1912）5月までその手続きを取り、10月に英国から帰朝している。しかし慶太が帝大を卒業しそれと同時に農商務省の嘱託になるのは明治44年7月、その前である。『私の履歴書』で慶太本人は「加藤の斡旋で農商務省に入った」と記しているが確証が疑わしい。ましてその加藤が特命全権大使の任を終え正式に帰朝するのはさらにのちの大正2年（1913）1月である。どんなつてで斡旋を受けたのであろうか。

慶太が仕官した経緯の謎について『もう一人の五島慶太伝』を書いた太田次男も既に指摘している。慶太自身が『私の履歴書』とは別に、『中川正左《なかがわしょうざ》と私』において「最初富井政章・岡野敬次郎両博士の紹介で農商務省に職を奉じ」と触れているという。

強引な解釈としていえば、賜暇の前後に非公式に帰朝している可能性もなきにしもあらずではある。それとも手紙のやり取りがあったのかもしれない。しかし現実的に外交の重責を担う加藤が愛息の家庭教師とはいえ、書生の慶太に手紙を送るというのはありえるだろうか。

いずれにせよ「斡旋」の話に限らず、慶太が加藤高明をかなり意識していることを印象づける出来事が少なくない。

加藤高明の薫陶を受けたと本人は語っているが、はたして人が人に影響を与えるのには実際どのくらいの時間がかかるのであろうか。近い時代の例を挙げれば、幕末の志士を多数輩出した松下村塾で吉田松陰が教えたのは実質1年、明治政府を支える逸材を輩出した札幌農学校のウィリアム・クラークが札幌に滞在したのはたった9か月である。教育は長さではない。では大事を成すのに何が必要な条件となりうるのか。両者に共通するのは、目先の損得を超え崇高な未来をつくりたいという強烈な意志を持った人材が結集していたことである。それを促し覚醒させたのはリーダーの力に他ならない。

まさに慶太のいう「熱と誠」が時代を動かすのである。優秀な人間を揃えただけではあのエネルギーは生まれない。情熱は能力を凌駕する。

以上見てきたように、加藤と慶太との接点はわずかであった可能性は高い。しかし慶太にとっての加藤の人物像は明確であった。

「加藤高明氏は、外国の教育をかなり大きく受けているから、外国教育は彼の頭にしみ込んでいる。非常に傲岸不屈で個人主義だ。親分肌のところはちっともない。しかしこういうことを言ってはどうかと思うが、私はこんなことを考えた。私が日蓮宗の根本教育を受けているようなもので、やはり加藤高明氏もキリスト教という本当の宗教教育を受けておれば、あの誰の言うことも聞かないワンマンぶりでも相当大を成したと思う。しかし、キリスト教の教育の根底がないからそれきりになってしまう。心の中に温か味、親切というこ とがあまりない。それは宗教がないからだ。だから政党総裁としてはとにかく成功しなかった」と『七十年の人生』で断じている。加藤からすれば、どの口でそれを言う、と草葉の陰で不満を漏らしているかもしれない。しかし嘉納治五郎とは別な意味で、加藤高明も慶太に似ている。

太田次男は「どうも翁（筆者注：慶太）の加藤に対する感想は、親しく交わって得た体験に基づく実感というよりも、やや皮相な、多分に世評に影響されての発言のようであって、加藤の側近にいてその人を充分に知った者の意見とは思われない。……翁は加藤家に一応の縁は出来だが、相当程度の距離があり、したがってこの人を比較的自由に客観的にみるのには絶好の立場にいたということができる」と喝破する。

慶太は加藤の影響を受けて変わったというよりも、自己同一視することで自分の生き方に確信を深めたと見ることはできないだろうか。加藤から何を学んだかではなく加藤に自分と似たものを感じ、自分の生き方をより強めたとみるほうがわかりやすい。

慶太は親しみを感じつつも手厳しい評価を加藤にくだす。「人の意見を聞くことは聞いても、人が帰るというと元の木阿弥で何も得るところはなかったというような人であった」「彼の前に出たら（大臣クラスの人間でも）巡査が警視総監の前に出たようなものだった」「政党総裁になって党員の主なやつが逃げて行こうが、何しようが、自分の主義で徹頭徹尾通した。だから最後に内閣が取れた」

この一見言いたい放題の中に加藤に対する親近感を持つがゆえの歯がゆさが見てとれる。

同じ傲岸不屈と揶揄されながら、無尽蔵とも思えるほどの人と縁をつなぐ慶太と、なかなか人がなつかない加藤の違いはどこにあるのだろうか。それは傲岸不屈の程度の問題ととらえるべきかそれとも全く異質の何かがあるとみるべきなのか。

人間完璧な人はおらず、「論理（考え方の筋道）」と「情理（人情と道理）」が合い成り立つ人はごく稀である。まして令和の昨今においてはその「情理」は急速に霞みつつある。それよりも整然とした「論理」で冷徹な意思をもって物事を断行するのが優れたリーダーと目される。加藤高明はそのタイプである。しかし意志強固ですべて自分で事を成そうとし完璧を目指す彼に人はなつかなかった。

慶太は違う。慶太は、見切りのつけ方、次への転換の判断は早いがそこに捨てきれない情理を宿している。常に論理と情理のはざまにあって、相手が人間であり、自分も人間であるというところから離れられない。本人はそれを信仰に由来しているようにいうが、彼のその完ぺきではないところに人は魅了され付き従ってしまう。それこそが彼が人間五島慶太として愛される理由なのではないだろうか。

三菱財閥の実力者であった加藤武男は慶太を「ともかく、批判の多い人でしたが、情にもろく、信義も固い立派な人物でした」と語る。しかし当時その渦中にあって翻弄された人々はたまったものではなく恨みを抱いた人も少なくなかったはずである。

加藤高明、五島慶太は今の時代から見てもともにスタイルは「傲岸不屈」である。しかしこうして百年を経た今、二人を冷静にみると同じスタイルに見えながら内実は大きく異なることを見出すことができる。

これはまたロビンソンクルーソーとガリバーとの対比にたとえられる。行く先々で出会うものを服従させるロビンソンクルーソーは自立型リーダーである。一方でガリバーは小人の国に行っては彼らを服従させるどころか、小人の言いなりになって〝巨体〟を横たえ縄で縛られてしまう。そうしてできた信頼によって、小人を従わせなくても小人はガリバーに従うのである。己を律し状況に適応するガリバーはその意味で自立型リーダーではなく、自律型リーダーである。慶太はガリバーのような柔軟な適応性があるとは言い難い。しかし加藤高明の孤高のスタンドプレイぶりと比較すると、加藤はロビンソンクルーソー、慶太はガリバーである。

「歴史は、繰り返さないが韻を踏む」は、『トムソーヤの冒険』の作者マーク・トゥエインの言葉と言われている。『トムソーヤの冒険』は彼自身の少年時代の体験をもとに書いたと言われているが、彼も残し伝えたいことがあって書いたことは疑いようがない。

「今は時代が違いますから」という言葉を簡単に口にする人が昨今では多い。そういう人たちから歴史に学ぶ姿勢を感じることがあるだろうか。たしかに未曾有の急速な変化の中で私たちは生きているが、先人たちもその時代時代の荒波の中で生きてきた。先人たちがそこをどう生き抜いたか、そこに思いを馳せることで今の自分たちの直面する問題の解決のヒントがあるかもしれない。加藤は苦労多い人生であったと思うが首相在任中に帝国議会内で倒れ、数日後に息を引き取ることになった。こうとしか生きられない自分を全うしたことにどこか愛おしささえ覚えるのである。

五島家の居間には富井政章夫妻とともに加藤高明夫妻の額を掲げてあったという。

第9章で紹介した哲学者森信三はこうも語る。

「人はこのように自己の『志』を立てんがためには、何としてもまず卓れた先人たちの伝記を読み、これを我が身の現在に照らしてみることがその第一だと思うのです。とくに卓れた先人たちが現在の自分と同じような年頃に、一体いかなることをしていられたかを知るということは、自分の怠惰と無自覚を覚醒せしめる点で、好刺激となるでしょう。」

豊川良平
（国立国会図書館「近代日本人の肖像」）

先人たちと〝対話〟してみることではじめて学ぶことがある。過去と現在を結びつけそこから学ぶためには、人の気持ちを察する力、鎮まる時間、そしてそれなりの知性が求められる。

さて、慶太の帝大時代にもうひとり忘れてはならぬ人物がいる。

三菱財閥の祖、岩崎弥太郎の従弟にして岩崎弥太郎を支えた豊川良平である。加藤高明の妻は岩崎弥太郎の長女で加藤家自身も三菱から資金援助をしてもらっていた。慶太は富井家に居た時とは違い、毎月の給金二十五円は加藤家からではなく三菱の岩崎家からもらうことになる。湯島の岩崎家で出納係の芽矢という執事に金をもらいその足で小石川水道町の豊川の許に報告に行く、それを毎月繰り返した。三菱合資会社頭取であった豊川はどんなに忙しくても慶太を応接間に上げて、「山中鹿之助が不惜身命という旗を立てて戦場に出たということと、捨て身の勇気をもってやればいかなることでも成功せざることなし」ということをいつでも講義してくれた。

「また、今自分は同志会（筆者注：立憲同志会）を組織し、桂（筆者注：桂太郎）を同志会の総裁として、犬養（筆者注：犬養毅）や大石正巳を使っている。この連中は喧嘩ばかりしているが、俺が捨て身の勇気でこの渦中に入っているから、犬養、大石がいくら喧嘩しても私に対しては一言半句も文句は言えないのだ」（『五島慶太伝』三鬼陽之助）

桂のドル箱である豊川の影響力は大きい。それとともに豊川の具体的な実践は慶太に政治や実業の世界を身近に感じさせることになった。そして毎月受けた豊川の薫陶は慶太の人に屈しない生き方の形成に大きな影響を与えることになる。

かつて嘉納には「なあに」の精神を学び、今回は豊川から「捨て身の勇気で生きること」の大切さを学ぶ。こうして帝大時代にこれからの人生の荒波を越えてゆくだけの素地をつくってゆく。

慶太のこれまでの道筋を振り返ると、社会に出る前に慶太が世話になったと思い返せる

『明治44年7月　法科大学卒業記念帖』（東京大学文書館デジタルアーカイブ）

方々に共通することは、生き方を学ばせてくれたことである。慶太自身がそれを求めていた。何かをしてもらうとか、かわいがってもらったとか、そんなことに価値を置く慶太ではなかった。核とした生き方を伝えようとした人々の慶太への愛情は、慶太が口にすることはなくても慶太自身は受け止めていたはずである。

慶太は、明治44年（1911）7月に東京帝国大学本科を卒業する。この時の卒業生には、芦田均《あしだひとし》（首相）、重光葵《しげみつまもる》（外相）、正力松太郎《しょうりきまつたろう》（読売新聞社社主）、石坂泰三《いしざかたいぞう》（経団連会長）、牧野良三《まきのりょうぞう》（法相）、そしてのちに東急で苦楽をともにする篠原三千郎《しのはらみちろう》らそうそう

篠原三千郎（提供：東急㈱）

たる顔ぶれが並び、その後「花の四四年組」と称せられた。

しかし慶太はこれまで述べたように帝大時代はけっして社交的でもなく、友だちも少なかった。ましてその友と学生生活を満喫するようなことはなかった。さまざまな悪条件を乗り越えて帝大に入学したわけだが、帝大に入ることは目的ではなく手段であり、ゴールではなくスタートだった。それゆえに学びも多かった。

信州の山村から右も左もわからぬ東京に出て来て、日本を動かす要人を間近に見、政治の世界や経済界の実情を知ったことは何ものにも代えがたい財産となった。既に機は熟した。同級生と真の友情を得て、本当の付き合いが始まるのはこれから帝大を出てからになる。まさにゴールではなくスタートに立ったのである。

第14章

東急セルリアンタワーの能楽堂（提供：東急㈱）

慶太結婚、夢を乗せ新たなスタートへ

第14章

慶太結婚、夢を乗せ新たなスタートへ

慶太は明治44年（1911）7月に東京帝国大学を卒業する。明治44年12月に発行された『東京帝国大学一覧明治44－45年』には本科卒業の証しである「法学士」に堂々と名を連ねる。しかもこの時点で名簿は「小林慶太」ではなく、既に「五島慶太」に変わっている。結婚は翌明治45年（1912）2月24日、のちの仕事のことを考えてのことであろうがそれにしても用意周到というか抜け目がない。

官吏になれば早い時期に転勤や海外留学がある。そのため、早いうちに結婚、いわゆる〝身を固める〟者も多い。昔も今も官吏・官僚は早く身を固めるか、ずっと独身をとおすか、に二分されるようである。

慶太の将来を嘱望する世話好きな富井政章は慶太の結婚のことを気にかけていた。富井家には8人の子どもがおりそこに多くの家庭教師が家に出入りし、そのひとりに学習院女

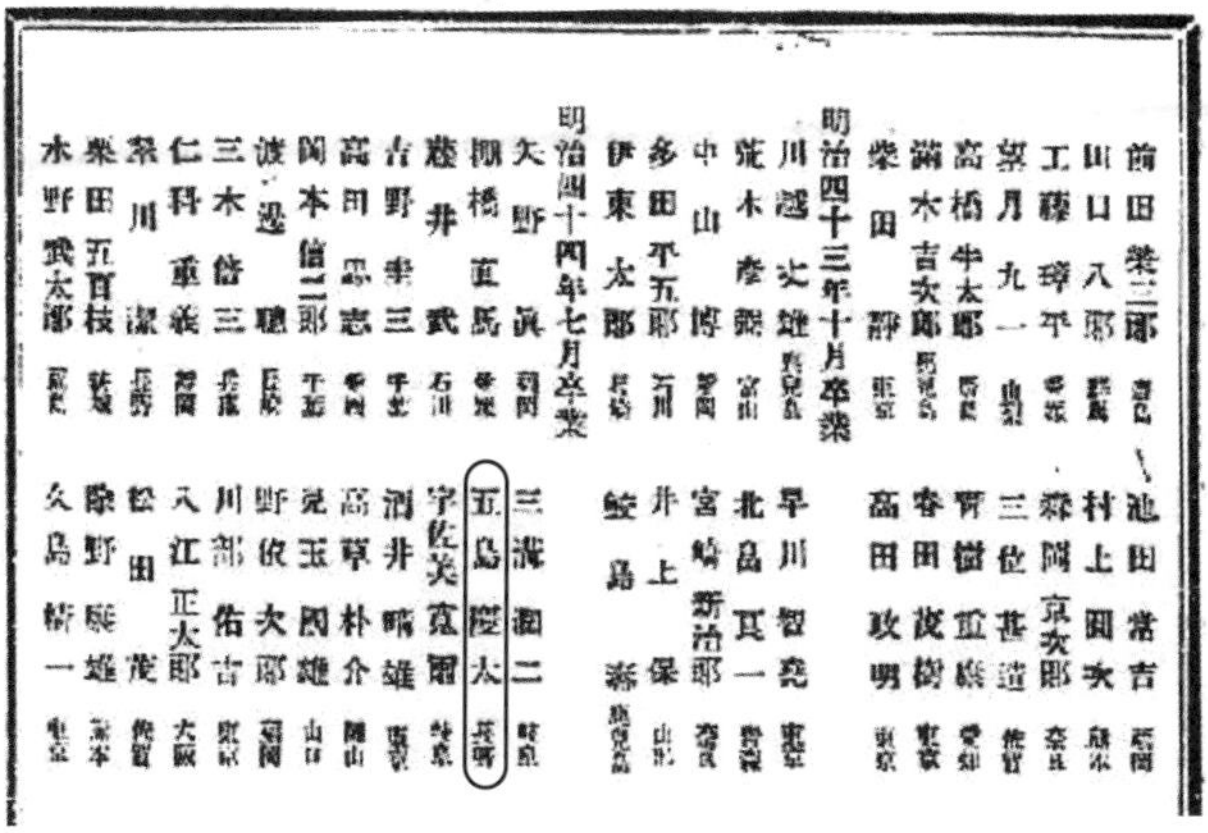
前田榮三郎 富山　池田常吉 福岡
山口八郎 群馬　村上圓次 熊本
工藤璋平 愛媛　森岡京次郎 奈良
望月九一 山梨　三位甚道 佐賀
高橋半太郎 長崎　青樹直孫 愛知
満木吉次郎 鹿児島　春田茂樹 宮城
柴田静 東京　高田政明 東京
明治四十三年十月卒業
川越丈雄 鹿児島　早川智堯 東京
荒木彦弼 富山　北畠真一 静岡
中山博 静岡　宮崎新治郎 奈良
多田平五郎 石川　井上保 山形
伊東太郎 長崎　鮫島浩 鹿児島
明治四十四年七月卒業
矢野眞 福岡　三浦徹二 岐阜
棚橋直馬 愛知　五島慶太 長野
藤井武 石川　宇佐美寛爾 岐阜
吉野圭三 千葉　酒井晴雄 滋賀
高田昂志 香川　高草朴介 岡山
岡本信二郎 千葉　児玉国雄 山口
渡邊聰 長崎　野依太郎 福岡
三木啓三 兵庫　川部佑吉 東京
仁科重義 静岡　入江正太郎 大阪
黒川潔 長野　松田茂 佐賀
栗田五百枝 茨城　除野康雄 熊本
水野武太郎 東京　久島□一 東京

『東京帝国大学一覧　明治44-45年』国立国会図書館デジタルコレクション

学部で教鞭をとる吉村千鶴子がいた。吉村はのちの高松宮の妃殿下喜久子様の家庭教師をするほど優秀な女性である。吉村は富井夫人と土佐の同郷というよしみもあってとりわけ富井夫妻と親しくしていた。それもあり当時学習院女学部で「もっとも秀でた容貌で、もっともすぐれた才媛」と名高かった教え子の久《く》米《め》万《ま》千《ち》代《よ》を慶太の嫁にと話を持ち込んだのである。吉村の本心は測りかねるが、富井家で見かける慶太の人柄、将来性を高く買っていたことに違いはない。

令和の今では考えにくくなりつつあるが、ついこの前の昭和の時代までは良男良女の仲を取り持つ世話焼きの女性は珍しくなかった。

まして吉村の勤務する学習院女学部は、大名、公家を出自とする華族出身の子女のために創立された華族女学校の流れを汲み、とりわけ世間の目を引いた。生徒は卒業後すぐに結婚するか、在学中に縁談がまとまり中退して結婚するかのいずれかの道をたどったという。当時学習院女学部は良妻賢母を求める名家の嫁候補を見つける場になっていて、嫁を探す母親や有力者などの授業参観が認められていたという。

教養を備えた生徒たちはそうしたまなざしを向けられることを常に意識しつつ、物言わずとも自分なりの男性観、夫婦観、家族観を静かに磨いていたのではなかろうか。

時代が違うと言えば身もふたもないが、戦前は親が決めた相手と結婚するのが常である。当時は、法律的にも両性の合意だけでは結婚できなかった。明治31年（1898）に施行された民法では「結婚は戸主の承認が必要で、離婚も結婚を承認した者の同意が必要」とあり、本人の意思にかかわらず、家同士の問題としてほぼ親の意向で決められることが多かった。今から見れば信じがたいほど女性の人権をないがしろにされた印象を受けるが、それが事実上、法律によって正当化されていたのであった。

明治以降の先見性を持った人々の自由と民主主義を求めての闘いには敬意を表するが、自由であれば幸せになれる、という西洋的な価値観は日本では絶対ではなかった。貧しさのなかに生まれてもそれが不幸を決定づけなかった。貧乏であっても心までは貧しくないという気高い精神性を一部かもしれないが日本人は持ち合わせていたのである。明治維新の開国によって日本を訪れた西洋人は、貧しい人々が笑っているのを見て驚いたという。これを彼らは〝ジャパニーズスマイル〟と呼び賞賛した。

西洋の物質文明的幸福観は、「幸福は自由と富によってもたらされる」と考える。そのためには弱小の他民族、他国家からの収奪さえも選択肢に置く。皮肉にも近代国家とは武力をもって領土を拡げてゆく国家の側面も持つのである。今の時代で危惧されるのは「自国中心主義」のもとに時代を巻き戻してはいないだろうかということである。

あの明治の貧しくとも躍動感に溢れた時代から私たちは学ばなければならないものがある。これまで不平等条約といわれてきた日米修好条約を結んだ米国総領事タウンゼント・ハリスは日本の庶民を見た感想をこう伝える。

「彼らはよく肥え、身なりも良く、幸福そうである。一見したところ、富者も貧者もない。

これがおそらく人民の本当の幸福というものだろう。私は時として、日本を開国して外国の影響を受けさせることが、果たしてこの人々の普遍的な幸福を増進する所以であるか、どうか、疑わしくなる。私は、質素と正直の黄金時代を、いずれの他の国におけるよりも、より多く日本において見出す。生命と財産の安全、全般の人々の質素と満足とは、現在の日本の顕著な姿であるように思われる。」（『ハリス 日本滞在記 下』）

余談だが、ハリスもまた慶太に似て自身の苦学の経験から教育活動に身を投じた。しかし家業が傾いたため貿易商になった。あまり知られていないが、軍事力を使うことなく自らの決断力と幕府の役人達の協力を得て、条約を結んだことが彼の功績である。ハリスは熱心なキリスト教徒であり、その行動もキリスト教的価値観に根差していた。彼の結んだ条約は必ずしも一方的に押しつけられたものではなく日本の利益も考慮してのものであると歴史は再評価しているようである。

またその通訳であったヒュースケンも「世界のあらゆる大国の縁組みの申し入れをはねつけてきたこの帝国も、ようやく人間の権利を尊重して、世界の国々の仲間入りをしようとしているのだ」と日本の進展を喜ぶ一方で、「いまや私がいとしさを覚えはじめている国よ、この進歩は本当の進歩なのか？この文明はほんとうにお前のための文明なのか？この国の人々の質朴な習俗とともに、その飾り気のなさを私は賛美する。この国土のゆたかさを見、いたるところに満ちている子どもたちの愉しい笑い声を聞き、そしてどこにも悲惨なものを見出すことができなかった私には、おお、神よ、この幸福な情景がいまや終わりを迎えようとしており、西洋の人々が彼らの重大な悪徳を持ち込もうとしているように思われてならないのである」(『ヒュースケン 日本日記　1855~1861』)

社会的な制約を受けたとしても、そこで人々は幸福を諦めない。自由がなくとも貧乏であっても、誰もが幸せを求めて生きていたのである。

西洋化を急ぐ明治政府と、日本人をつぶさに見てそれに戸惑う西洋人の価値観のせめぎ合いに、今の日本の在り方を考えるための大きな示唆を与えてくれているようである。

話は慶太と万千代の「なれそめ」に戻る。慶太たちは少し事情が違っていた。

吉村が紹介した久米万千代の父は、皇居の二重橋の設計者として名を馳せた工学博士久米民之助で、民之助の父は上州沼田藩の祐筆久米権十郎正章である。祐筆とは主君の秘書役で元々は名家であった。また久米の父方祖母の実家五島家も沼田藩士であったが、後継者がなく絶家となっていた。既に万千代は2歳の時に五島惣兵衛の養女となっており、い

久米民之助
（沼田市歴史資料館提供）

ずれは五島姓を名乗ることになっていた。五島家の再興は久米方の悲願であって、そのために久米博士は何とかして良き婿を見つけたいと探していたのである。

この結婚のキーマンはひとりに限らない。万千代を紹介した吉村千鶴子、慶太の将来を嘱望した富井政章、良き婿を探していた久米民之助、さらには慶太も万千代もそれぞれがキーマンである。自分が周りを意のままに動かすのではなく、周りが自分のために動きたくなる、そういう力、いや魅力を慶太は備えていたのである。

そうした時の運が重なり富井政章夫妻により、帝国ホテルで見合いをすることになる。

慶太自身、不慣れな見合いで泰然自若を装

いながら、おそらく内心は緊張し座りの悪い状況であったろう。

その慶太がひとめ万千代を見て、楚々としたなかにも凛とする、その雰囲気に圧倒され、体が固まってしまったという。無理もないことではある。慶太は見るからに豪放磊落《ごうほうらいらく》を印象づけてはいるものの、実はとても不器用でナイーブである。当時は世の男子のほとんどが恋愛などしていないので、女性を一個の人格として見ることなど出来るはずもなかった。

幼い頃は近所の女の子たちとトランプをしていたようだが、中学以降ずっと男性の世界に生き、出会った相手を常に自分と優劣で比較する癖がついていた。それだけに万千代の魅力に骨抜きにされてしまったのである。

まん丸顔でイガグリ頭、色黒でぎょろ目のいかつい風貌の慶太と眉目麗しい万千代とは周囲から見ればどう見ても不釣り合いである。恋は異なものとはこのことである。万千代の弟久米権九郎《くめごんくろう》も「姉には結婚の申し込みがずいぶん多かったのに…、いったいどうしてこうなってしまったのか…」と戸惑いは隠しきれず、帝大の学友もあとで「小林の野郎、よくまあ、あんな美人を射止めやがって…」という声もあったという。でも本人たちは違う。紛れもないひとめぼれの相思相愛、お互いが真剣にそう思い込んでいた。

「羽衣 舞込」（国立能楽堂提供）

万千代は二十歳そこそこであっても慶太の及ばない経験を積んでいる。学習院女学部時代には、皇后の前で「羽衣」を舞い賞賛をいただくほど芸事に長けていた。華やかな場面での肝の据え方を学んだだけではない。早くに母を亡くし、芸事の修練をしながら家事を担い父親と弟たちを見てきた。自身の苦労の中で人を見る目を養ってきたはずである。だからこそ慶太の人間としての魅力を見抜いたのである。

とかく前途有望な官僚との結婚は、あと先の損得を考えてのことだろうと凡人は勘ぐる。万千代の目はそこには向いていなかった。本人の目は浮かれていなかったのである。

しかしここでよくよく考えてみたいことがある。万千代が能に秀でていたことの意味である。

能は古来より、面で表情を隠しながら人間の哀しみや怒り、欲望、懐旧の情や恋慕の想いなどを描いてきた。様式化された簡素な動きで感情を表し、単純化された筋書きによって亡霊となったシテ（主役）の独白を中心に物語が静かに展開される。それが能の世界である。妙齢にしてその能を舞っていたのであればその役の心情を知らぬとは思えない。

二十歳そこそこの娘が、いくら見合いの相手が将来を嘱望されているとはいえ、単純に心ときめいたとは思えないのである。

万千代の洞察力に、これまで彼女が生きてきたことに由来する内なる豊かさがみてとれる。慶太には、浮ついた恋心ではなく真の英雄の片鱗を感じ取れたとしても不思議ではない。才媛で能をたしなむ万千代であれば、男女の機微や駆け引きの妙味を知っていたはずである。

現代作家の池澤夏樹を父に持つ若きエッセイスト池澤春菜は能鑑賞を趣味にし、こんな言葉を記している。

「今見ておけば、年を重ね、人の心の機微がわかるようになった時に、極上の楽しみを

慶太と万千代　故郷青木村の家族とともに

手に入れることができる」

能は、武家の庇護を受けてきた経緯もあり、歌舞伎同様に男性のみの世界であった。しかし平成16年（2004）7月には、22人の女性能楽師が、日本能協会への入会が認められ女性にも開放された。

それよりもなによりもあの久米博士が百年以上前に自宅に能舞台をしつらえ本職の高名な能楽師を招き、娘にも舞わせていたということが驚きである。そんな育てられ方をしたリベラルな万千代がどんな思いで慶太とともに生きる決心をし、どんな思いで未来を描いたか、その後の万千代の人生を考えると限りなく切なくなるし、慶太の無念さが心に伝

明治45年久米万千代と結婚し、五島姓を名乗る

わってくる。
万千代の愛した慶太が残した東急の本社跡地にそびえるセルリアンタワーには日本を代表する立派な能楽堂がこしらえられている。そこに能楽堂があること自体が、姿こそ見えないが今は亡き慶太と万千代ふたりの魂の居場所であるように思えてしまうのである。

見合いの場において、民之助は悲願であった父方の祖母の実家「五島家」の再興のために万千代とともに五島を名乗ってもらえないか、と慶太に相談を持ちかける。誰かのために、という申し出に慶太はことごとく弱い。しかも久米民之助と慶太はウマが合っていた。慶太は快く引き受けた。しかし、「養子に入ったわけではない」と終生言い続けた。

久米民之助の息子権九郎によると、民之助と慶太とはともに体躯が大きいことに加え、性格も似ていたという。ともに不器用ながらもひとつのことに集中するとやり抜いてしまう性格ゆえに非常に親しいものを感じていた。まして地方出身で苦学の末一代で財を成したこと、熱心に仏教を信仰していたことも共通している。そうした親近感も手伝い、久米家に染まり影響を受けてゆくことになる。慶太もまた能をたしなむようになり、上流階級の生活文化を自分のものにしてゆくことになる。

自分が知らないこと、新しいことを自然に取り込むことが慶太はとても上手である。

第15章

飯山駅に建つ五島慶太を称える石碑

尽きせぬ上昇意欲 百錬鋼《ひゃくれんこう》を成《な》す

第15章

尽きせぬ上昇意欲　百錬鋼《ひゃくれんこう》を成《な》す

明治44年（1911）慶太は東京帝大卒業とともに、帝大教授の岡野敬次郎、富井政章らの推薦を受け、農商務省に嘱託として入った※。

その時点で既に数え30歳を迎えていた。官吏としては出遅れている。このあとの慶太の性急な動きをみると焦りが見てとれ、慶太自身が一番承知していたことが否応なく伝わってくる。

慶太は入省後に同期の河合良成《かわいよしなり》（のちの農林次官）、小栗一雄《おぐりかずお》（のちの警視総監）に加え、先輩の江木貞夫《えぎさだお》（のちの農商務省参事官）、成瀬達《なるせたつ》（のちの日本生命社長）らと「緑会」をつくり、月1回木挽町の緑屋とか烏森の湖月で、5円の会費で懇親会を開き、国家の理想を語り政治を批評したりして大いに気焔を上げたという。

※これについては13章で触れたように加藤高明の斡旋という話もあるが13章で述べた通り岡野、富井の斡旋とする立場で記述する。

その年の11月には高級官僚の採用試験に当たる文官高等試験行政科に見事に合格し、そのあと農商務省工務局に配属された。今でいう農水省と経産省を合わせた組織である農商務省は当時人材の宝庫であった。他省に比べ一大勢力で、慶太の未来も前途洋々に見えた。そこで慶太ははじめて制定された工場法の工場監督官候補として歩み出したのである。慶太の期待していた工場監督官とは日本産業の全権を握る立場にあった。

「百錬鋼を成す」という言葉がある。鋼は鍛えられてこそ鋼になる、という意味である。自分がより大きくなり、より大きな仕事をするために慶太はその機会を欲した。

しかし大正2年（1913）山本権兵衛《やまもとごんべえ》内閣発足によりその期待は潰えることになる。工場法の施行が3年遅れることになったのである。そもそも労働者の保護を求める工場法は、年少者や女子労働者を雇う生糸産業を中心とする繊維業界からは賛同を得られていなかった。

ところが日清戦争を機に発展した工場生産はこれまでの生糸生産から熟練工を必要とする鉄鋼生産に主軸を移し工場法案も修正を重ね、明治44年（1911）ようやく貴族院で可決されることになった。

藩閥政治からの脱却と立憲的政治（憲法に基づいた政治）を目指す山本内閣が重視した

のは財政課題である。緊縮財政政策をとりそれによって工場法の優先順位は繰り下げられた。

しかしその一方で現実味を帯びてきたロシアとの戦いに備え大正3年（1914）1月帝国議会に、海軍拡張と軍備費のための増税の予算案を提出した。その出鼻をくじくようにシーメンス事件が起こる。ドイツ帝国のシーメンス社が海軍高官に送ったわいろが発覚し海軍出身の山本権兵衛はその責任を取らざるを得ず内閣は崩壊したのであった。

工場監督官の見通しがなくなり慶太にいきなり暗雲が立ち込めた。既に入省が4年遅れた慶太にとって任官がさらに3年遅れることは、大きな痛手である。慶太はとても待ちきれなかった。多くの伝記はそれを慶太の出世欲のあらわれのように記述するが、そこには疑問が残る。

慶太の場合、これまでの行動を振り返ると、自分の地位を上げるという意味での出世にはさほど関心がないようにみえる。自分の地位を上げるよりも、社会に出た以上、世のため人のために何かを成したいという思いがほとばしっていた。慶太が欲したのは「権力」ではなく、「権限」である。

悲しいかな、人はどうしても自分の物差しで、無意識の己の欲望を重ね物事を評価してしまう。慶太の気持ちになり切ればわかるはずのことである。

第11章の「燕雀《えんじゃく》安《いずく》んぞ鴻鵠《こうこく》の志を知らんや」とはまさにこのことなのである。

ちなみにかつて海外の経営学者から、日本企業の弱点は〈権限と権力の混同〉であると指摘されたことがある。今でこそハラスメントが問題になっているが、上に立つものが権力を笠に着て部下を苦しめるという構図は、むろん擁護はしないが昔から変わらない。米国の経営学者ピーター・F・ドラッカーはそのことこそが、日本において働く者が主体的に成果を上げることを直視できない主たる原因と見抜いた。日本は封建制の名残と思えるこの悪習からなかなか抜けきれない。経営を科学として見る視点が弱いからである。

慶太が農商務省に辞表を出したときに、「属官でいてもしょうがない。鉄道院に行け」と声をかけてくれたのが加藤高明で、加藤は鉄道院総裁の床次竹二郎《とこなみたけじろう》に話をつけておいてくれた、というのが北原遼三郎説である。それは慶太自身も『七十年の人生』においてそう語っている。

それに対して、三鬼陽之助は自著『五島慶太伝』において、富井政章と鉄道院副総裁に就任したばかりの工学博士野村龍太郎が床次竹二郎に口を利いたと記している。これら二つの説があるがいずれにせよ、こうして誰かが慶太を救ったという物語がたびたび綴られていくのが興味深い。慶太の計り知れぬ知略かもしれないが、つねに物言わぬ慶太に影のように言説があとからついてくる。

やはりここでも気になるのは慶太の加藤への執着である。何かにつけ加藤高明が登場し、冷水を浴びせる如く〝人格者〟富井政章がそこに顔を出す。加藤への親近感と富井への敬意のはざまで慶太の内なる葛藤が揺れている。

先に触れたように慶太は官吏でありながら、出世欲に根差す打算はなく、純粋に何かをなしたいという事業的野心に突き動かされて生きていた。本人は『七十年の人生』にこんな言葉を残している。

「真に幸福な生活をなそうとするならば、無事平穏であることを求めず、常に人として意義ある活動をなしていることが肝要である。その意義ある活動とは人を助け、社会に奉仕し一切衆生の苦悩を救護することである。自分を利すると共に他を助け、他を利することによって人の心の中には普段に絶えることのない喜びが感ぜられるものである」

五島慶太に今も学ぶ東急グループ代表 野本弘文も、生き方の教育、すなわち何をやって良いか、何をやって悪いかを教えること、そしてチャレンジ精神の大切さ、この二つを社員に伝えようとしている。慶太の組織観、人間観は東急に脈づいている。

この人生観において、「出世」は視界に入ってもそれが中心になることはない。大事なことは意義ある活動のために「平穏を捨て」、何を取って何を捨てるかという基準を言葉と行動で明確にすることである。

今の時代においてもとかく現実は、人も組織も物事を決める時に複数の目的（根拠）と複数の結果（効果）を並べ立てる。〝守る〟ことを眼目に据えると、ひとつに決める危うさがちらつき、〝誰が責任を取るんだ〟という不安に気持ちが流される。今も昔も最終的な決定要因は「事情」と「都合」である、と断定すれば反発が起こるかもしれない。しかしその「事情」と「都合」が説明されないまま結論が既に決まっていることは多く、議論は単なる手続きとなり、そこで検討されるはずの真の目的と結果が事前の決定を覆すことはほぼない。その結果、極めて安全にはなるが、慶太の望まない「平穏」に到達し、加わった人々の「喜び」も霞む。「意義ある活動」にはリスクが付きまとい人の勇気が問われるのである。しかしその勇気を引き出さない限り大事は成し得ない。慶太の示唆は現代も意味を成し生きている。

「事情」と「都合」においてこんな話がある。太平洋戦争末期、戦争に疲れ切った米国大統領ルーズベルトの健康が悪化した。それでも戦争終結のためにヤルタ会談に臨んだ。彼はこの問題に一刻も早く決着をつけ会議を終わらせたくひどく苛だっていた。そのときの血圧は300／170に達していたのである。戦争終結のためにはソ連の協力が不可避であった。やむなくソ連の要求を呑むことになった。その結果何が起こったか、我が国の北方領土がソ連の傘下に収められることになったのである。この秘密協定は限りなくルーズベルトの健康上の都合によって決まったといわれている。物事の決定はこうした他愛ないことで起こることが意外に多い。

大正2年（1913）5月に農商務省を辞した慶太はその月に鉄道院に転職する。発令は、床次直属の総裁官房、鉄道院出納係であった。翌3年（1914）には「高等官7等」に叙《じょ》されこれで高級官僚の仲間入りを果たしている。

慶太はそもそも組織の枠組みのなかで肩書に満足する人間ではない。まして上の指示の

大正3年　鉄道院監督局勤務の慶太

通り使い走りのごとく動くことを軽蔑さえしていた。それよりもみずからの意思で事業を構想し主体性と責任をもって推進することに意識が向いていた。それを考えると農商務省にいるよりも、これから全国に鉄道を展開しようという進取の気性で動いていた鉄道院のほうが水が合っていたのかもしれない。

　張り切り過ぎの慶太は監督局庶務課に勤務になった際には、元監督技師の橋口行彦《はしぐちゆきひこ》によると、「判任官の資格であるにもかかわらず高等官椅子に収まり仕事をしていた」という。また「ほとんど毎日の昼食時に技術課に顔を出しては、技師連と食事をともにし、技術問題についていろいろ質問をし、その方面の知識を吸収」していたそうである。

この点について太田次男は見事にこう言い当てる。「翁が生まれて以来、これまで大きく育てたもっとも本質的なものは、生命力に溢れた力強い創造的精神である」

大正7年（1918）日本初の本格的政党内閣といわれた原内閣が誕生した。鉄道院を監督する逓信大臣は野田卯太郎《のだうたろう》であったが、おそらく慶太や上司の総務課長佐竹三吾《さたけさんご》、業務課長村井次郎吉《むらいじろうきち》、同僚の喜安健次郎《きやすけんじろう》らは野田に対する歯がゆさもあったのだろう。監督局長の中西清一《なかにしせいいち》を逓信次官に推する策を練った。それと同時に佐竹が局長に、慶太と喜安がそれぞれ総務と業務の課長になろうと画策した。常人ならこれを私利私欲の出世と取るかもしれないが、むしろ自分たちが官吏として何をせねばならないかという志の強さからくる焦りと取るべきように思う。慶太が時折見せる時局を読む才がここで発動している。その事はあとで触れる佐竹の言葉に凝集される。

五島育英会の『五島慶太伝』によると、当時の上司、総務課長佐竹が木挽町の料亭に慶太を呼び出し、妻方の媒酌人古市公威《ふるいちこうい》に監督局長の中西を次官に推するよう働きかけるように促している。

古市公威
（国立国会図書館「近代日本人の肖像」）

古市公威は実はあの歴史作家司馬遼太郎が明治期の産業発展の立役者として絶賛するほどの人物である。その志は高く、フランス留学のときに、そのあまりの勉強ぶりに下宿の女主人があきれて、「公威、身体をこわしますよ」と言ったら、古市はすかさず「私が一日休めば、日本は一日遅れるのです」と言ったという逸話が残っている。

しかも古市は慶太が鉄道院に入る10年前に鉄道作業局の長官を務め、日本の鉄道路線形成にきわめて重大な影響を与えるほどの業績をなした人物なのである。その古市に官吏になったばかりの慶太が、上司の中西を次官に推するよう直談判に行ったのである。

『五島慶太の追想』において佐竹は「僕が局長になったのも、あるいは、五島君の推輓（引き上げ）がおおいに与っていたのかもしれない」とまるで事の成り行きに感知しなかったように本人は記している。

いったいどちらを信じればいいのか。往々に事実をのちに記したものは事実でないことが多い。本人が言っているから正しいのではなく本人が言っているからこそ正しくないこともある。優秀な官吏であれば自分の姿を見せずに緻密な計略を巡らすことなど日常茶飯事である。むしろ自分の名を残さないという美学が官吏にはある。であるから五島育英会の記述も信ぴょう性が高い。それに人から頼まれたことを断らず引き受けるのが慶太である。

佐竹三吾は『五島慶太の追想』で、「それはともかく、五島君が立派な官吏であり、力強い部下であったことは、確かである」と〝頼りになる〟ことをいたく評価している。このほめ方を見ても佐竹の慶太への信頼がうかがわれ、それを〝借り〟があると推するのはうがった見方であろうか。慶太が期待を裏切らなかったことの評価であれば、あれは佐竹の策であったことも充分あり得るように思う。

明治の時代、大きなうねりのなかでこうして必死に生きていた官吏を思うと、今の時代、霞が関を去る若手官僚が問題になっていることは悲しいし可哀そうである。つい先の高度経済成長期の官僚の多くは『国家のことを考えているのは政治家ではなく官僚』と自負して疑わなかった。今そうした使命感を若い官僚は持ち得ないのではないだろうか。彼らの欲するのは労働時間の軽減ではなく、命や人生を賭《と》すに値する使命感ややりがいある仕事ではないかと考えてしまう。

官僚たちが輝いていた高度経済成長期に城山三郎は『官僚たちの夏』を上梓した。そのモデルとなった佐橋滋は当時の政治家たちが資本・貿易の自由化に前のめりになる中、時期尚早だとして抵抗し、それを主張する政治家たちに屈した首相佐藤栄作に「それでもあなたは実力者なんですか」と言い放ったという。

その佐橋がこの世を去った時、葬儀の場で佐橋の甥御は初めて自分の叔父が小説『官僚たちの夏』の主人公風越信吾のモデルだったということを知ったとご本人が教えてくれた。

自分が何かのために命を賭けて生きるならば、功名心や金など見返りを考えることすら恥ずかしくなる。佐橋のみならず志ある官僚たちは、身内にさえ自分の仕事をうち開けずひたすら自分の務めを果たした。そうした志は今の時代にも脈づいているように思う。官

大正6年 家族とともに　翌年には次男進が生まれ4人の子宝に恵まれた

僚は出世と実績しか考えていない、とわかったように言う人もいるが、それは今なお誠実に職務に尽くす官僚に対してあまりに失礼である。

さて、中西は局長、佐竹は監督局長に昇進したが、慶太も喜安も肝心の課長の公認の発令はなく課長心得のままであった。このことにおいて菊池久は自著『光芒と闇』において「間もなく、慶太は自分の戦略、昇進の謀略の誤算に気がついた。この時の慶太も喜安も、ともに高等官6等。課長になるには高等官5等という規定があった。うかつにも、慶太はこの規定を忘れていたのだ」と記している。

実は当時もうひとつ「陸叙《しょうじょ》年限（2年）」

という規定があり、大正5年（1916）12月に高等官6等に任ぜられた慶太は大正7年（1918）12月まで、高等官5等の課長になるのは規定上不可能であった。それを官吏ともあろうものがこんな重要な規定を本当に忘れているのだろうか、という疑問も残る。

その真偽は不明ではあるが、慶太は自分の抱く出世昇格と現実の制度に強いもどかしさを感じていたのは事実である。「心得」になる前の高等官7等から6等までの間に生まれた息子たちに「昇」「進」という名前を付けたのは自身の早く「昇進」したいという想いを子どもの名に託したというまことしやかな話も慶太像を強く印象づけることになる。

慶太は稟議書が廻ってくるとわざわざ「課長心得」の「心得」という文字をいちいち消して上に廻したという。こうすれば「心得」がいかに気に入らないか、それが次官あたりに伝わるだろうとねらっていた、と言われていた。

しかし実際に「心得」でいたのはたったの2か月間であった。決して長い間冷や飯を食わされたわけではない。大正7年（1918）10月に総務課長心得になり、先に記したように規定通り大正7年12月に高等官5等に叙され、正式に総務課長になっているのである。

大正10年に開業した飯山鉄道　その敷設に鉄道院時代の慶太は尽力した

菊池久は『光芒と闇』においてこう記述する。

「ところが根負けしたのは鉄道院次官の石《いし》丸重美《まるしげみ》だ。石丸はある日、慶太を呼んで、『君はいつも〝心得〟という字を消しているが、〝心得〟が気に入らないのか』とたずねた。これに対し慶太は胸を張って堂々と答えた。『私は本当の課長としての責任をもって本気で書類に判を押している。〝心得〟という中途半端な無責任な字は消している。これは私を侮辱したことである』と主張、抗議した。

その二、三日後、鉄道院は慶太に二つの辞令を出した。『高等官5等に叙す』『監督局総務課長を任命する』。ときに大正7年（1918）12月。慶太は三十六歳であった。」

「陸叙年限《しょうじょねんげん》」規定によると大正7年12月に高等官5等の課長になれる資格を有していて、それが規定通りの最短でなり得たということである。

それが石丸次官を前に啖呵を切って総務課長を勝ち取ったと描かれるのはたしかに話としては面白いが、もしかすると伝記を書く側の演出もあるのかもしれない。むしろそう書きたくなる気持ちもわからないでもない。

しかもここでもう一つの謎が残る。喜安が高等官6等に任じられたのは、慶太より7か月遅れの大正6年（1917）7月のことだった。このため、高等官5等へ昇進するのは2年後の大正8年（1919）7月になる。しかし喜安は、その5等への昇進を待たずして、慶太と同じく大正7年（1918）12月に正式に課長となっている。

（『光芒と闇』によると）「課長になるには高等官5等という規定があった」ものの厳格な運用ではなかったか、あるいは何らかの作為があったのかもしれない。

第16章

慶太の功績の出発点である青木村に建つ
モニュメント「Railhead：起点」

啐《そっ》啄《たく》同《どう》時《じ》、満を持し雄飛の時を迎える

第16章

啐《そっ》啄《たく》同《どう》時《じ》、満を持し雄飛の時を迎える

戦前の官吏制に定年は存在していなかった。しかし通例としては50代前半で官吏を辞していたようである。ということは36歳にして総務課長になった慶太にとって官吏として働けるのはあと残りせいぜい20年足らずである。

『七十年の人生』に慶太はこんな言葉を残している。

「そもそも官吏というものは、人生の最も盛んな期間を役所の中で一生懸命に働いて、ようやく完成の域に達する頃には、もはや従来の仕事から離れてしまわなければならないものだ。若い頃から自分の心に適った事業を興して、これを育て上げ、年老いてその成果を楽しむことの出来る実業界に比べれば、こんな官吏生活はいかにもつまらない。十年近い官吏生活を経験した私は、次第にこのような考えを抱くようになったのである」

慶太がそうこう考えている時に、石丸次官からまた呼び出しを受けた。

郷誠之助
（国立国会図書館「近代日本人の肖像」）

のちの東京横浜電鉄の前身、武蔵電気鉄道の社長郷誠《ごうせい》之《の》助《すけ》が、常務を引き受けてくれる人材が欲しいということで石丸次官に頼みに来たのだった。石丸は即座に慶太を思い出し本人に打診した。

官吏でいることに将来の不安を感じていた慶太にとって渡りに船の話だった。

運命の巡り合わせと言おうか、まさに啐啄同時とはこのことだった。ひな鳥が卵の中で殻を突き破ろうとするのと、母鳥がそれを察知するように外から殻を破ろうとする、時満ちてここで新たなドラマを生み出そうとしている。慶太は願ってもない打診に即座に承諾した。

この顛末を慶太自身が『七十年の人生』に

石丸の言葉を推し量ってこう記している。

「今監督局の総務課長に五島慶太という男がいる。おもしろいやつで、課長心得が気に入らないのでいつでも心得という字を消しては判を押して出してくる。そんな話をした。それはおもしろい、その人を欲しいということになり、丁度私も前に書いた通り官吏生活に嫌気がさしておった時でもあり、鉄道省をやめて、常務取締役となり、武蔵電気鉄道を始めることになったのである」

上田中学の時代、世の中の右も左もわからない若かりし頃、大臣になるという青雲の志を抱きそのために努力を重ね勉学に励んできた。男子の誰もが憧れる軍人には目もくれず、大臣になる夢が慶太の心の拠りどころだった。しかし今、いざ官吏になってみると新たな思いが芽生えてきた。大臣になることよりも何かもっと大きなことをしたい、その新たな夢に駆られた。ここで大きな変換点を迎える。

「役人をしている間に、慶太は『実業之日本』という雑誌を愛読し、主筆増田義一の論説を味読しその影響を強くうけた。そうして、実業界への雄飛を心にえがいていたのである」(『五島慶太の生い立ち』五島育英会)

慶太自身が官界から実業界へ移ることを想定していたことは自明であった。しかし具体的にどこで働くなどと考えていたわけではなく、まして武蔵電気鉄道のことも頭になかったはずである。しかし時代は慶太を欲していた。ここでも慶太を慶太たらしめる運命の風が吹く。

事を成し得る人物というのは、夢に対する執着心が強い一方で意外に我欲がなく見返りを求めない。自分の夢や目標にとらわれ過ぎていないという共通点があるように見える。思いのままにしゃにむに自分を鍛え上げるだけ鍛え上げた時に運命の扉が開く。人事を尽くしあとは鷹揚に天の時を待つことに耐えた人間だけがそこに到達する。

自分のやりたいことにとらわれ過ぎると視野が狭まり、その夢や目標さえも小さく狭め目標を見定める柔軟性を失い、かえってうまくいかなくなってしまうこともある。

たしかに、目標を定めてそれに向かって邁進する、そういう生き方を否定するわけではないが、それを成功させるための人間としての基盤づくりをないがしろにして、自分の希望や夢だけで生きようとすることに無理があることをわきまえなければならない。

知る限りにおいて、偉業を成し遂げた人、時の重責を担った人の多くは自分の意思では

大正8年　代々木上原の自宅にて
37歳の慶太　（提供：東急㈱）

なく、なりゆきでそうなったと語る人が実に多い。その多くが、誰もが嫌がることを引き受けてしまい、たまたま結果を残しているように見える。自分の野心、計算ではなく、自分の意思を越えて、運命と使命に導かれているとしか思えない。

今の時代においてもそれは変わらない。経済同友会元代表幹事小林《こばやし》喜光《よしみつ》が味わい深い言葉を独白している。

「宿命に耐え、運命と戯れ、使命に生きる」

苦難に向き合った者でしか言えない言葉であるし、またこの言葉を見逃さなかった者もまた苦難に向き合うことを知る者である。

慶太は農商務省に2年、鉄道院に7年、合

わせて9年間、官吏生活を過ごした。鉄道院時代の大半は監督局にいて対私鉄業務を行い、転勤の話は皆断り、他を顧みずに目の前の仕事に専心した。最後の1年半は総務課長として一手に私鉄関係者の窓口になり、いつの間にか生き字引としてこの世界の権威となり腕を振るった。ここでのちの鉄道業界で生きるノウハウを身に備えていたのである。そんな慶太ほどの逸材を野に放つ石丸の懐の深さにむしろ感嘆を覚える。使いやすい部下を近くに置いておきたいという個人的野心が石丸には見えて来ない。

大正9年（1920）慶太は5月11日に鉄道院を退官する。その4日後の5月15日内閣直属の鉄道院は廃止され、新しく鉄道省として昇格、誕生した。タイミングを計ったかのごとく新しい時代の到来に合わせた慶太の旅立ちであった。

慶太は鉄道院を去るにあたり、監督局員に、（1）捨て身の勇気（2）欲望の大いなること（3）独創的意見に富むこと、の三句を惜別の言葉として残したという。これらは皆、加藤高明、嘉納治五郎、豊川良平等、人生で巡り逢った師たちから慶太自身が学びとったことである。また同時に最後に伝えたその言葉こそ自分に言い聞かせた誓いの言葉でもあった。

そして5月26日の初出社の日には知人や知り合いから借りてかき集めた当座の5万円を

持参し、武蔵電気鉄道の株一千株を購入し、その意気込み、存在感を示したのであった。のちに慶太の代名詞となる「熱」と「誠」の成せる業である。

当時慶太の帝大同期の正力松太郎が読売新聞社を再建したときの資金が10万円というから5万円がいかに大金かは想像に難くない。


ところが武蔵電気鉄道は当時資金繰りに全く目途が立たず、東京日比谷から横浜平沼橋まで鉄道建設の認可は得ているものの一向に事業は進展していなかった。実際入社してみると、考えていた以上に財務状況が悪く、社員に給料を払えない状況であることを慶太は身をもって知った。

鉄道省から連れてきた部下までも鉄道省に戻してほしいと願い出るありさまであった。

慶太は鉄道院時代のよしみで顔の効いた地方の鉄道会社に部下を送り込もうとしたが結局はうまくいかなかった。鉄道会社としての実体がないまま収益のめどが立たず、前年までの第一次世界大戦のあとの株価大暴落による不況も追い打ちをかけ、慶太は鉄道建設の資金集めに汲々としていたのであった。

その矢先に慶太の人生で「最大の不幸」が起こる。

慶太の最大の理解者であり、最大の支援者である万千代夫人の急逝である。享年31歳。夫人が能舞台の準備で多忙の中、微熱が続いていた中で舞台に立ったことが祟ったらしい。夏に胆石病にかかりその年の暮れになって床に就き手術をすることも出来ず、年明け大正11年（1922）1月8日帰らぬ人となった。

当時、世界人口の3割の5億とも6億ともいわれる人が感染したスペイン風邪がその死因だった。

慶太が実業界に入ってわずか1年8か月、結婚してわずか10年、二人の男の子、二人の女の子を残しての万千代の旅立ちであった。


それまで慶太は家庭を省みることなく仕事に熱中していた。それでも慶太の生き方を深く理解する万千代は鉄道院を辞めるときも「あなたの好きなようにおやりくださいませ」と励まし、武蔵電気鉄道再建のため役員給与を返上したときも、うろたえることなく「家計のことなど心配なさらなくても大丈夫ですよ」といってくれた、という。（『わが鐵路長大なり東急・五島慶太の生涯』北原遼三郎）

そもそも無骨で不器用な慶太にとって万千代はどれだけありがたい存在であったか。仕事に熱中すると視野狭窄に陥り、自分がどれだけ万千代の支えによって仕事が出来ていたか、知る由もなかった。それを万千代の死というとてつもなく大きな代償をもって強烈に思い知らされたのである。

人前では慶太らしく、豪放磊落《ごうほうらいらく》に「家内を失って途方に暮れていたが、人間、これくらいの不幸に茫然自失《ぼうぜんじしつ》するようでは、到底大事業は出来ないと思って、あらゆる困難と悲哀に打勝って、爾来、四人の子どもを男親一人の手で育て上げて今日に来た」と語っている。

しかしダメージはそんな生易しいものではなかった。身内には別な姿も見せている。

長女春子はこう語っている。

「母がなくなりまして、しばらくしましてね。子ども4人つれて鉄道自殺しようと思ったんだ、と言うんです」

これが素顔の五島慶太である。傲岸不屈《ごうがんふくつ》と言われても人には見せないナイーブさを内包している。しかしそれをけっして外では見せない。

万千代を喪ったときはおそらく声を嗄《か》らして滝のような涙を流し号泣したに違いない。

大正12年1月8日　妻万千代一周忌に

そして気持ちを切り替え、亡骸《なきがら》に奮起を誓ったはずである。姪のみのぶさんへの手紙には「更に発奮努力いたし天下に名を成し亡妻の供養となしたい」と記し、自著『事業をいかす人』のあとがきにおいては、両親やこれまで自分を育ててくださった方への感謝を述べたあとに、「また最後にぜひ一言しなければならないことは、亡妻五島万千代の陰にあっての霊的援助である」と言葉を結んでいる。

人の死に接し、泣くべき時には声を出して泣き、それを心に刻み力に変える、それが本物の英雄の姿ではないだろうか。慶太の力の源泉はまぎれもなく亡き妻万千代への誓いにあった。

万千代の死後、久米民之助とともに毎朝並

小林一三
（国立国会図書館「近代日本人の肖像」）

んで観音経を唱えていたという。寺を巡ることも多くなった。万千代への供養の想いから古写経をはじめとする仏教美術への造詣が深まってゆく。それが骨董や茶の道への関心も深め、そこでまた新たに多くの知己を得るようになる。と同時に「空の生活」を作ることで、「静」を背景にした「動」が迫力を増してゆく。まさに戦国を生きた武将たちと同じ境地を得るのである。

こうして表では傲岸不屈と言われる慶太であるが、その慶太の想いを妻万千代が空の上から支え続けていたように思えてならない。

命は果てても愛は果てることはない。

哀しみの癒えぬ慶太を時代はそっとしては

くれない。さっそく慶太に声をかけてきた男がいる。関西財界の雄、阪急電鉄を率いて私鉄経営のモデルとなった小林一三《こばやしいちぞう》である。

この出会いが慶太を東急の総帥に導く大きな転機となる。

『立志編』完

第17章

明治43年　新橋より銀座通を望む
（国立国会図書館「写真の中の明治・大正」）

五島慶太の育った明治という時代

第17章

五島慶太の育った明治という時代

この書は、五島慶太が事業を興すまでにどのような出会いや歩みを経て成長したかをまとめたものである。青木村としては当初、〈おとなにとって読み応えのある五島慶太の伝記を書く〉というのが本書刊行の目的であった。

五島慶太が実業界に入ってからの活躍やエピソードは枚挙にいとまがない。それらは既に多くの伝記作家によって描かれてきたのでここでは省くことにした。

しかし求めがあれば「続編（実業界編）」が作られるかもしれない。

この章以降は慶太の履歴を紐解くだけではなくその人間像に可能な限り深く迫ってみたい。

まず、慶太の生きた時代背景を理解する必要がある。慶太が生まれる前の時代、徳川将軍家による長きにわたった幕藩体制が崩れ、開国に舵を切ったことで、発足間もない明治新政府は欧米列強との力の違いをまざまざと見せつけられることになった。同時に近隣のアジア諸国が次々と植民地化される状況を傍で見ながら、新政府の指導者たちはいずれ日本もそうなるやもしれぬという危機意識を強く抱き続けていた。国のかたちがいまだ整わぬ緊張をはらんだ動乱の時代である。

そしてまた、司馬遼太郎が『坂の上の雲』で描いたように多くの志ある者が高みを目指し坂を駆け上り希望に燃えた時代でもあった。しかし経験則の通じない未曽有の情勢にさらされそれぞれが思い描く日本の希望とする姿はひとつのかたちを為さず様々な〝ずれ〟や相克も生まれた。

旧士族の一部は明治政府に反発し明治7年（1874）から反乱を起こし、同10年（1877）の西南戦争で収束する。その一方で、時を同じくして征韓論の主張が届かず野に下った板垣退助らが主導する自由民権運動が盛り上がりを見せる。慶太が青木村に生を受けた明治15年（1882）の前年の同14年（1881）には政変によってついに国会開設の勅諭が出されることになる。信州においても慶太の松本中学時代に当地松本を中心に展開していた普選運動が拡大し全国に飛び火していった。

窮乏する旧士族、主流派を放逐された旧官吏たちの新政府への怒りや憎悪だけであのエネルギーは生まれない。これまで藩や国の為に尽くした人々の私利を越えた「義」へのこだわりが少なからずそこに影を落とす。

「義を見てせざるは勇なきなり」

命を賭しての連帯は生まれるべくして生まれた。主君や国への忠誠を誓う武士道精神の燠火《おきび》は紛れもなくこの時代に残り、そのエネルギーはさらにその後の日清日露戦争に継がれていったのである。

司馬によると、日露戦争において軍司令部のおよそ非戦術的な肉弾攻撃の命令に対し、兵士たちは黙々と機械的に集団死を遂げていったのは、命令に対する絶対的な受動性を彼らは体中でもっていたからであり、この性格なり姿勢は江戸体制によってつくられた、と評している。江戸期の、国を安寧に治めるための儒教教育が、明治期にあっては世界が驚愕した強兵を作り上げることになったのである。名誉を重んじることは命よりも貴く、〝いかに生きるか〟と〝いかに死すか〟が既に等価になっていた。

この書に記される慶太が生まれてからの時代は日本もまた欧米列強に倣い帝国主義に突き進んでいく時代でもあった。今から見れば、他国に犠牲を強いた領土拡張と利権確保の

明治44年　青山練兵場における陸軍観兵式
（国立国会図書館「写真の中の明治・大正」）

ための生ぐさい野心にまみれていた反省の時代でもある。しかしこの時代においては、欧米列強からの侵略をどう逃れるかが喫緊の課題であった。帝国主義に平等も公平もない。支配するかされるかの弱肉強食の世界である。そこで採った日本の選択は先進国と肩を並べるための国力増強であり、そのための殖産興業と富国強兵であった。憲法をはじめとする法整備により国体を整え、日本が文明国であることを誇示せんがための急速な西洋化を推進する。

同時に軍備増強である。当初は植民地化を回避することが目的であった。それが日清、日露戦争を経て勝つことの〝うま味〟を覚え他国への侵略を自らが正当化し、いつしか国を守るという法《のり》を踰《こ》えていたのである。

第14章に記したように、日本を西洋化することにためらったハリスやヒュースケンの恐れていた予感が的中した。恐ろしいことに無意識のうちに、欲望がかなうことの確信が民衆を巻き込んだ国の合意となり時代は突き進んでゆくのである。


そんな中で、多くの若者は立身出世を志し華々しい活躍を果たす軍人を目指した。が、慶太は違った。これまでに書かれたものを読む限り、慶太は軍人になることに一切の関心を抱かず、一言たりとも軍人になりたいという歴史的記述はない。軍人を目指さなくても、国の為に生きたいという強い志を抱く慶太であった。

「国の為に」というと大仰に聞こえるが、長野にゆかりのある数学者藤原正彦は、『国家の品格』において、「私の言う祖国愛は、英語で言うところの〔パトリオティズム〕に近い」「明治になって作られたであろう愛国心という言葉には、はじめから〔ナショナリズム〕（国益主義）、〔パトリオティズム〕（祖国愛）の両方が流れ込んでいました。明治以降、この二つのもの、美と醜をないまぜにした「愛国心」が国を混乱に導いてしまったような気がします。言語イコール思考なのです」と語る。さらに藤原はこうも言葉をつなぐ。

「日本人の誇りうる情緒として［懐かしさ］があります。この懐かしさという情緒は、私の呼ぶ［四つの愛］の基本になります。［四つの愛］とは何かと言うと、まず［家族愛］です。それから［郷土愛］、それから［祖国愛］です。この3つがしっかり固まった後で、最後に［人類愛］です。順番を間違えてはいけません。家族愛の延長が郷土愛、それら二つの延長が祖国愛だからです。まずは家族愛をきちんと整える。それから郷土愛、それから祖国愛です。このうちどれかが欠けていたら、世界に出ていっても誰も信用してくれません」

この説明で慶太の育った青木村とのちの実業界の活躍とがつながると捉えてよいのではないだろうか。慶太が上京する際に小林家の位牌を持って行った意味がここで鮮やかになる。

さて、国を背負う人材、産業を興すための人材の育成は当時重要な課題であった。伊藤博文の推挙により欧米の教育に精通した森有礼が初代文部大臣となって以降、日本は教育改革を次々と断行していった。それにより国民の教育機会が増え生徒・学生も増えた。慶太自身においても在籍した松本中学、東京高等師範時代は校舎の拡張や移転に翻弄され、

森有礼
（国立国会図書館「近代日本人の肖像」）

勉強好きな慶太も苦労したと考えられている。

この明治の時代をのちに最もわかりやすく解説してくれたのは司馬遼太郎である。その彼の心配と祈りはこの言葉に凝縮される。

「未来に何が待ち受けようと、新たな道はきっと切り開ける。日本がもしなくても、ヨーロッパ史は成立し、アメリカ合衆国史も成立する。しかしながら今後、日本のありようによっては、世界に日本が存在してよかったと思う時代がくるかもしれず、その未来の世のひとたちの参考のために、書きとめておいた。それが、「この国のかたち」とおもってくだされば、ありがたい」（『司馬遼太郎が考えた

こと』より）

〝世界に日本が存在してよかった〟と思われるための条件とは、何をしたとかという業績や功績を指すのではない、〝日本のありよう〟にかかっていると司馬は考える。現在において、世界第3位のＯＤＡ（政府開発援助）拠出をしても日本が世界から尊敬される国になっていないことは日本人の誰もが知るところである。

〝ありよう〟とは、文字どおり、〝どうあるべきか〟であり、一個の人間にとってもその〝生き方〟を問うているのである。日本が世界に胸を張って気高く存在するためには、国策や企業戦略を超えた、日本人一人ひとりの生き方、そしてそこに集積される日本という国固有の精神文化が問われているということのように思う。

司馬は晩年、日本人が無感動体質になることを危惧していた。そして町工場が集まるものづくりの町・東大阪に暮らし、日本人のことを考え続けた。

「日本の経済力はだんだん衰えている。これからは親切が必要ですね。日本は人に親切にする国なんだということいがいに生きていく道はないと最近よく考えます」（『司馬遼太郎が語る日本』より）

司馬の言う「日本は人に親切にする国なんだ」を市場原理で考えると果たしてそれがど

れだけの貨幣価値を産み出すか、理論では説明できない。しかし2024年にインバウンドの経済効果が8兆円に迫ると言われるほどの隆盛をもたらしているのは、日本固有の文化遺産とともに、日本人のおもてなしの心である「親切」が大きく関わっていることは否めない。私たちが首を傾げようとも、来訪する外国人は、「日本人は親切」、「日本人はやさしい」と口々に言っているのは事実なのであるから。

令和の時代、グローバリズムやDX（デジタルトランスフォーメーション）が声高に喧伝されている。他の国、他の企業に遅れをとっては負けてしまう、今のままではだめなんだ、変わらないといけないんだ、という自己否定的強迫観念がドライブをかける。もっともほとんどの場合、それを言う本人自身は変わろうとせず、誰かを変えるための操作的な殺し文句として用いられる。それで人がついていくわけはない。

そもそも自己否定から発するエネルギーはたかが知れている。本物のエネルギーは自信と誇りと他人からの無償の愛によって生まれる。それを知った者は己に厳しい鍛錬を課し、退くに退けぬさらなる自尊心を学ぶことになる。

こうしたことは今に限らず明治の時代とて状況は同じであった。当時、急進的な欧米主

古文書を読む五島慶太（提供：東急㈱）

義者であった森有礼は日本語を廃止して英語を国語にしようとした。それが最後に国粋主義者の怒りを買い刺殺されたことは有名な話である。

明治は、形の見えない日本の理想をそれぞれが求め模索を繰り返した時代であった。現代社会を未曽有の時代と称する者も多いが、あの頃も今に劣らぬ未曽有の時代であり、そこから学ぶべきことは少なくない。

「物事の判断は新旧で捉えるのではなく、正しいか正しくないか、役に立つか立たないか、である」

これは慶太の口癖である。彼の言う「新旧一如」はこの時代を生きながら学んだ金言であった。歴史に学び、先人の努力に敬意を払わない限り、同じ轍を踏むことになる。

それにしても維新から明治期にかけて、あれだけの志を持つ逸材がどうやって輩出され変革を成し得たのか、慶太のような、〝俺が変える〟という強い情熱と意志を持った人間がどうやって生まれたのか、私たちがこの時代から謙虚に学ぶことで、今の閉塞感を打破できると思いたい。目先の変化にのみ目を奪われず、それを高みから俯瞰した時に見えてくるものがあるはずである。そのためにはむしろ静かに古典に親しんだ方が未来を描けるように思う。

慶太が生前、国宝級の茶器や古写経を手にした時に、それを何百年も前に手にした武将や高僧の苦悩や理想に思いを馳せ、それを自身の力にしていたはずである。

歴史を学ぶとは、目指す峠の向こうにある坂の上の雲を、さらにその高みから見下ろすことでもある。

第18章

慶太の軌跡を伝える 五島慶太未来創造館

五島慶太
その人と思想

第18章

五島慶太　その人と思想

慶太の信仰の内実

五島慶太の人物像を語る時に、幼い頃父母から受けた法華経の影響を避けて論ずるわけにはいかない。しかしながら正直なところ、慶太の信仰を親の影響によるものとこれまではあまりに単純に美化してはいまいか、筆者自身が首を傾げながら文章を綴ってきたのも事実である。現実を見渡すと、信仰心の強い親に育てられた子どもが必ずしも信仰の人になるかというとそうとはいえない。欧米においても牧師の子ども（Preacher's Kid；PK）の親への反発が問題になることもある。

『世界人口白書２０２４』によると世界の人口は81億人と言われているが、さまざまな調査によるとほぼその８割、64億人が何らかの宗教を持っている。それだけ多くの人が宗教を持っているなら世の中は善人であふれ、社会はもう少し良くなってもいいのではない

古刹巡りを楽しむ50代の慶太
仏教の教えに触れることで
心の安定を得ようとした

かと思ってしまう。無論そんな単純な話ではないことは百も承知である。承知であるからこそ過剰な美化は慎みたい。単に信仰があったかどうかということではなくそれがどんな信仰だったかによるだろう。それを伝える責任も伝記を書く者に課せられている。

この点について、生家小林家には法華経を通して学んだ血の通った家族愛と慈しみの絆があり、互いがしっかりと向き合ってきたことが後の慶太の生き方に大きな影響を与えていたのではないかと自分は考えている。

日本では、〝ご利益宗教〟という言葉もありそれで揶揄されることもあるが、そもそも宗教は我欲を成就させるためのものではない。しかし、五島慶太には、〝強盗慶太〟の異名によって、己の野心のために手段を選ばない、宗教さえも道具にする、というイメージがどうしてもつきまとう。もっともそれを本人は意に介さないものだから周りは余計に騒ぎ立てる。

本人自身、「ゴトウ慶太であろうと、ゴウトウ慶太であろうと、世間での呼ばれ方はどうでもいい」と突き放している。

ところでアメリカの調査機関によると、日本の成人の70％の人は先祖に供物をささげ、64％の人が神や目に見えない存在を信じているという。しかし「宗教は生活の中で非常に重要であると考えている」と答える人はわずか6％、仏教を自分の行動を導く教えと受け止めそれを実践している人はどれだけいようか。日本人で慶太のように生活の一部として宗教を語り、信仰を持っていることを公言する人はきわめて少ない。

『五島慶太の追想』に寄せられた浅草寺管長清水谷恭順《しみずだにきょうじゅん》の語るエピソードに慶太の信仰が象徴される。

「ある時、（筆者注・慶太から）『信念のない人には仕事ができん』という話が出た。私が『信念のなかで一番固い信念は、信仰からくるものだ』と申し上げますと、即座に、『その通りです。南無妙法蓮華経によって成就せざることはありません』といわれたので、私は始めて、先生が法華経信者だと知ったのです」

戦後を代表する評論家のひとり吉本隆明は講演「宮澤賢治の文学と宗教」のなかで、慶太と同じように法華経を深く信仰した宮澤賢治の作品に興味深い解説をしている。法華経信仰の本質にある「本当がどこにあるのか」を作品を通して体現しているというのである。「悟りだと思ったことが本当の悟りではない」、「本当の幸福、本当の道は何なのか」、それを探求することにこそ法華経信仰の神髄があり、「本当の悟りは万人のため、万人のものになっていなければならない」。それが可能になる道筋をつけられた時が本当の悟りだと吉本はいう。自分が悟ったと思うだけでは本物の悟りではない。まさに大乗経の教えそのものである。

思うに、信仰には「静の信仰」と「動の信仰」のふたつがあるのではないだろうか。己を内省し悟りを模索するのが「静の信仰」といえる。それは慶太自身の言葉でいう小乗教と大乗経の違いに通じる。慶太によると、小乗教とは「自分一身の心の迷いを除きその心の苦悩を離れさせることを主とした教え」で、大乗経とは「自分一身の心の迷いを除き苦悩を離れ得させるにとどまらず、進んで世の多くの迷っている者や、悩んでいる者を救うために努力しようという高尚な精神の養成を目的としたものが大乗の教え」である。最近では「自分が幸せではないのに、人を幸せにできるはずがない。だからまず自分が幸せにならなくてはならない」と考える人が多いように見える。それは前者の延長であり、見方によっては詭弁でもある。

慶太の信仰は後者であり、己の行動の根拠、足場をつくる「動の信仰」である。世の人のために、己の行いが仏の道に沿っているかを見つめ直すことで、己を質し鍛え上げ、悟りを求めることに留まらず行動することに価値を置く。そのことで己の弱さを突きつけられ痛みを伴う。

「人間は知と行（筆者注：知識と行動）だけではダメである。そこには誰にも負けないという信念が必要だということである。それには信仰で人間の意志というものを絶えず鍛錬していく必要がある。事業で成功するにしても、利殖するにも、不可欠なものは信念である。」（『私の履歴書』）

「誰にも負けない」という意味を競争に勝つことと捉えるのは安直である。それは他者との競い合いではなく、どんな状況にあっても自身の尊厳を守り抜くと捉えたほうが腹に落ちる。慶太の信念の源には孤高の信仰がある。

慶太がそれを自らが深く自覚し行動を変えるきっかけになったのは、愛妻万千代の死にあったのではないだろうか。あの時の打ちのめされた深い悲しみの淵からもがいてもがいて這い上がろうとして苦しみの中でそれを見出したように思う。

その約10年後に次女光子が病死、さらにその10年後に次男進が戦死し、慶太は人の死という自分の力の及ばないところで、己の信念への覚悟が問われたと受け止めたのではないだろうか。

慶太は、自分の意思を超えた自分の力の及ばないものに対する畏怖を学び、同時に自分の力の及ぶものに対しては最善の努力をしなければならないことを思い知らされる。それが「熱と誠」につながる。

信念　熱と誠

五島慶太の思想の中核を為すのは「熱と誠」である。この言葉の初出は、昭和12年（1937）に発刊された社内機関誌『清和』といわれている。昭和12年といえば前年の暮れに慶太は東京横浜電鉄㈱ならびに目黒蒲田電鉄㈱取締役社長に就任し、先の東京市長

『清和』創刊号表紙（提供：東急㈱）

選にからむ贈賄の疑いも解け、昇り龍のごとく飛躍を遂げようとする脂の乗り切った時期でもあった。

昭和12年（1937）6月3日の東横青年学校講堂に於ける新入社員の訓示の中で慶太はこう語った。

「先ず、人の成功と失敗のわかれ目は、第一に健康であります。次には、熱と誠であります。体力があって、熱と誠とがあるならば、必ず成功致します。禅語に『随所に主となる』ということがありますが、貴賤を問わず、いつでも自ら主となるように努めなければなりません。その時、その折において必ず第一人者となるのには、それだけの確信が持てるように他人よりも余計に勉強しなければならない。しかして、それには敵弾の十字火中にあるような滅私奉公的な熱誠、あるいは神仏を礼拝するときのような誠実がなければ出来ないのであります。自分の現在従事しておる仕事について、常に第一人者となるように努力しているならば個人的収入も、社会的地位も、すべて必ず向上していきます」

ひるがえって、情報化社会を生きる私たちはインターネットからあふれ出す情報や知識に日々翻弄されながら生きている。一部の専門家を除く多くの人々にとってはついてゆくのに精いっぱいである。そういう世界に浸っていると、人間が自分があまりに小さく感じられ、ついていけないことで罪悪感に駆られてしまうことさえある。

これまで先人たちが苦労して蓄積してきたノウハウ・スキルが通じないほど変化が激しい世界においては、情報の先取りこそが優位に立てると人は思い込む。そこで強迫観念に追いまくられただの猿真似に走る。それで競争優位に立てるなら世話はない。

慶太はこれについて「古いの、新しいのだのというのは、〝新しがり屋〟のゴタクにまかせておけばいい。われわれのあえて関知するところじゃない」と斬り捨てる。

手に入れた情報を古い新しい関係なく自分で徹底的に考え抜き、生きた情報としていかに活用するか、それを過去に例を見ない他の追随を許さぬ新しきものとして創造すること、それが慶太の言う「新旧一如」であり、「ベストは一つ」に値するのであろう。

かつてアインシュタインは「知性には力はあるが人格はない」と云った。コンピューターもまた忠実ではあるが誠実ではない。人格のないコンピューターは「熱と誠」を伝えてくれず、「熱と誠」は魂を持つ人を介してしか伝わらない。

人を変えるのは言葉でしかない。それは単なる無機質な知識やありふれた情報としての言葉ではない。人が悩み抜き選び抜くことで温もりを持った生きた言葉は生まれ、心に一度刺さったら抜けない言葉になる。言い換えれば、その言葉を伝える人の熱と誠が宿る言葉のみが人の心を動かすのである。

人間の完成

ラテン語の古いことわざに、「仕事の完成よりも仕事をする人の完成」という言葉がある。

慶太も『七十年の人生』のなかで

「人間の完成ということが何よりも大切なことで、個々の社員の完成が、やがて会社の完成を促し、その会社の完成はまた、ひろく一般社会の完成をうみ、社会を完成させることが、ひいては大なる国家の完成を創り上げるものである。（中略）一人一人の社員を良くするということが、やがてはその会社全体を良くするという結果になる。私どももこれまで『会社を良くする』ということについては人知れず苦心を重ねたが、いま述べたことの外には方法がない。個人の完成ということがただ一つで、他には道がないということを、つくづく感ぜざるを得ないのである。ではその個人の完成とは何であるかというに、肉体の修練と同時に精神の訓練ということである」

「いかに自分が偉くてもいかに自慢しても、他人が自分を買ってついてこなければ、他人が自分に協力してくれなければ、仕事もできないし、成功もしない。要するに、他人をひきつける力のない人は成功しないのだ。それであるから、愚痴や自慢をする時間があったならば、自ら反省し自ら修養し、知を磨き、情を養い、真に信頼性のある人間になることが必要である。信頼性のある人間とは熱と誠のある人間である。」

慶太は昭和16年（1941）春、前途有望な新入社員のためにと寮を新築し、『中庸』

昭和15年３月　若手社員たちとともに（前列右から３番目が57才の慶太）

から名を取り、「慎獨寮《しんどくりょう》」と命名した。

「君子は常に修養を心がけ、目に見えない所においても、戒め慎み、耳に聞こえない所においても恐れ懼れて、寸時も道を守ることを忘れないように心掛けるべきである。隠れたるより現わるるはなく微なるより顕るるはなしで、君子はその獨を慎むことを忘れてはならぬものである」

自らを欺かぬよう習慣づけるために、獨りにいるときこそ自らを慎むよう心掛けねばならぬという戒めである。

無我と自己犠牲の獲得

自己を修養するためには、その自己を空し

くすることが大事であると慶太は気づいた。

「空ということは、自己をはっきり認めながら、しかもその自己を空しうするということで、これが最高の道徳であり、哲学である」

事業家である以上、〝事業の鬼〟にもならなければならないが、人間であるからには、仏の心と顔も出来るなら備えたい、そう念じる慶太がいる。

生き馬の目を抜くほどの激しい事業展開をするなかで、仕事の失敗もなく、なすべき仕事をやり抜き健康を維持してゆくことは容易ならぬことである。大所高所から事業の方向を見極めてゆくという心のゆとりがなければならない。この心のゆとり、心の安定をどこで勝ち取るかにその成否は委ねられる。

慶太は関西に出張するときには必ずといってよいほど一日を割いて古い寺を廻った。「昔からの古い寺々の雰囲気に浸りきると、不思議と頭がすうっとする。日ごとの怨念、妄想もきれいにふきはらわれる」と語っている。やがてそれが鑑賞だけにとどまらず仏像や経典類の蒐集に熱を入れる。かつてそれらに関係しそれらを手にした聖賢、高僧の境地に触れるためである。そのことで心の安定を得ていたと本人も語る。仏像を眺め、写経を見ることで、少なくともそうしている間だけでも邪念や妄想を忘れていたのである。

空の時間を得ることで、志気は鼓舞され、仕事に対する意欲が新たに生まれ、さまざまな構想や機知機略も浮かんでくる慶太であった。

そして「空の生活」の理想を西郷南洲（隆盛）のこの言葉に求めた。

「生命も要らず、名も要らず、官位も金も望まざる者は御し難きものなり。然れども此の御し難き人に非ざれば、艱難をともにして国家の大業は成し得られぬなり」


その一方で、慶太は世の風評とは逆の境地にいた。自己犠牲の精神である。それは慶太の確固とした社会観に由来する。人間が共同生活をしている以上私利私欲のみたくましくして他人の利益を尊重しないときはその社会は破滅する、というのが慶太の世界観である。そして社会生活を維持するために共存共栄を目的としてきた者は生き残る、という哲学を持っていた。

「社会的動物としての人間は、その社会存続のために他人のために犠牲になることを根本道徳とせねばならぬ」

日本でもいっとき経営学において、〝最も強いものが生き残るのではなく、環境に適応したものが生き残るのだ〟という言説がさもダーウィンの言葉のように間違えて引用され、そのための「選択と集中」がもてはやされた時代があった。これを言っていたのは米国の経営学者レオン・メギンソンであった。

しかし現代においてはカール・ケスラーが唱えた「進化論的な長期的視点の解釈として、危機に立ち向かう態度として必要なことは、効率化を正当化し組織から弾力性を奪うことではない。一見役に立ちそうもない多様性と相互扶助を重視することこそが必要なのである」という考え方が強く支持されている。ちなみにダーウィンは慶太が生まれた翌日にこの世を去っているのも奇遇というべきか。

自分を空しくして他者のために生きるという思想をはじめからわかっている人などいない。人間の思考は悲しくも、損か得か、メリットかデメリットか、自己本位の二者択一である。しかし一見矛盾する対極の二項をつなぐ真実が潜んでおり、それを何かのきっかけで学ぶことがある。こうしたことを学ぶのに必要なのが宗教であり教育である。「無我と自己犠牲」という言葉に今、即座に反応できる人は既に自分を修練してきた人でもある。

逆境と挫折

慶太は若い時からスマイルズの『自助論』を愛読していた。「天は自ら助くる者を助く」に心を打たれたという。幼い頃から逆境と挫折をはね返してきた慶太の心には強く響いたのだろう。貧しさを乗り越え勉学に励み、実業の世界で羽ばたこうとした時に、愛妻と子どもを次々と亡くしその悲しみを力に変えた。

日本の宇宙開発の父糸川英夫は、「人生で最も大切なものは、逆境とよき友である」という言葉を遺した。慶太には強い信念があった。しかしそれだけでうまくいくものではない。人に恵まれたということが成功要因として大きかったのではなかろうか。「よき友」の支えがあったからこそ、信念は折れず、むしろ鍛えられた。

「よき友」のひとり「電力王」と呼ばれた松永安左エ門が慶太に大成するためには三つの段階を通らなければならないと語った。

「その一つは長い浪人生活だ。その第二は長い闘病生活だ。その第三は長い投獄生活だよ。この三つのいずれかを体験してこそ、五島クン、本当の実業家となるんだよ」（『光芒と闇』菊池久）

昭和16年10月　東横神社にて（提供：東急㈱）

「人間として一番大切な道徳は何であるかといえば、私は他人のために自己を犠牲にするということであると思う。すべてのものに向かって親切の心を運び、人の悲しみを己の悲しみとなし、人の苦しみを己の苦しみとなすことである。見ず知らずの人間といえども、全く平等無私の心地に立ち、他人のために自己を犠牲とし、真に同情の心をもって互いに相より相助けてゆくことが出来たならば、その人の手の舞い足の踏む所、自然に立派な道徳となって来るものである」

こうした慶太自身の言葉が幾多に及ぶ逆境や挫折を乗り越えたことに裏打ちされることをあらためて学ばされるのである。

昭和28年（1953）に全国が冷害と凶作に見舞われた時、長野の被害も甚大であった。慶太は「青木村、浦里村、庄田（塩田）村、依田村の校長に話をしているから、ふるさとの青年を雇用しろ」と勤労部長に指示したという。これを郷里へのえこひいきととる人もいるかもしれない。しかし本人の人柄を考えると、人が何と言おうと、居ても立っても居られない恩返しのつもりであったはずである。逆境と挫折を経ての本物のやさしさがここにある。

五島慶太　その愛と孤独

慶太の志の果てにある人の幸福とはいったいどんな姿をしているのであろうか。あの超人的な志を原動力として何を目指したかは本人に問うても煙に巻いて答えてくれないだろう。

この伝記が作られた最大の理由はまさにそれを探ろうとすることにあった。私たちを魅了する五島慶太の実像が見えるようで見えない。それを明らかにしようという旅を続け、そこに露わになったのは人間としてのみずみずしい姿であった。

どうしても「成功者」のイメージが強く、それが幼年期の実像にバイアスをかける。子どもの頃から傲岸不屈《ごうがんふくつ》と思われているが、家族で慶太が怒った姿を見た者はいない。生家小林家の人々にもやさしい人だったと言い伝えられている。青木村の人々もまた身内びいきは多少あるとしても、誰もが心やさしい人だという。

いたずらはするけれどそれだけで餓鬼大将といえるかどうか。身体は大きいが運動は苦手な慶太である。道いっぱいに大手を振って道の真ん中を歩いたと言われるが、身体が大きければそうも見えるだろう。本当は恥ずかしがり屋で不器用、しかし負けず嫌いで自己顕示欲が強い。

現代のリーダーの共通点を「短気、せっかち、負けず嫌い」と誰かが言ったが、その人たちも意外に幼い頃は皆慶太に近からず遠からずだったのかもしれない。慶太のようにくすぶった夢を抱きながら将来の自分に思いを寄せていたのではなかろうか。だから努力するしか道はなかった。志は貧しさによって鍛えられた。

明治期の実業家の多くがそうであったように慶太は私利私欲に走ることを忌避した。

慶太の時代にあっても「大きく世を思い、他を省みる暇などある人は皆目いない」と俯瞰しつつ、自分の手がける事業を通じて国家に奉仕する覚悟を常に持っていた。無欲であると自分は思っていても企業を買収すれば誤解も受ける。しかし人並外れた信念が弁明を拒絶する。

買収しても相手の首を取ることはしない。このことは『太閤記』に描かれた秀吉に似ていると作者吉川英治自身も評している。「乗っ取られた人は決してそう不満に思っていない」と慶太本人も豪語する。会社が軌道に乗った時点で役職員に株を明け渡すことをいつも考えていた。それが後に大きな災いをもたらすことにもなるのだが……

頑固と見られても実際は人の話をよく聞く。しっかり聞いて熟考した上で自分が下した判断は決して譲ることはない。それが五島慶太の実像である。

作家遠藤周作は、幸せには二つの幸せがあると考えた。「生活の幸せ」と「人生の幸せ」である。「生活の幸せ」とは、人に何かを与えてもらうこと、言い換えれば己の欲望（おもに所有欲と万能感）を満たすことにあり、「人生の幸せ」とは人に何かを与えること（自分の大切なものを差し出す）である、と。この問題の根底にあるのは、人間が何をもって幸せと感じるかという問いである。慶太が生きていたならこのことについてどう思うか聞いてみたいものである。

慶太はその人生において事業家として舟をこぎ出した時に、はからずも心のよりどころとなっていた大切な家族を次々と失うことになる。時はそんな慶太の感傷を許さず事業拡張は着々と進行してゆく。慶太が大事を成し遂げるのはいつも苦しみのさなかであった。慶太は、どんな状況に置かれても社員も含めた世の人々の幸福を考え、自分の使命を果たすことを考えていた。そういうなかにあって慶太は、「空」の時間を得るために骨董や茶の道に傾倒してゆく。それが本人を支える心のよりどころになり、またそこで得た知己が彼の大きな支えとなった。その知己たちは慶太の胸中を痛いほど知りつつ共感しながら、人間慶太に魅了され、支えているつもりであっても実は支えられていたのではないだろうか。

遠藤の言うように、与えることで幸せになれる、心の底で慶太はそう思っていたように思う。自分がどんな状況であるかは関係ない、いや逆に過酷で逃げ場のない状況でこそ彼は本領を発揮した。

神仏を信じながら、現世において自分の師となる人を求め、学ぶ側に自分を置くことで人としてのバランスを取ろうとした。慶太は寂しさのそぶりは見せないが、そうした気を張り詰め新しい試みを図る中に慶太自身の深い孤独が伝わってきてならない。

いかなる時代においても真の経営者、真の実業家は孤高の求道者である。己の利を求めず自分の成すべき使命だけを考える、その境地を誰と分かち合えるのだろう。

第19章

令和５年　生家の跡地に竣工した慶太塾（提供：東急㈱）

未来への架け橋
夕立のあとの
虹のように

第19章

未来への架け橋　夕立のあとの虹のように

平成22年（2010）夏の暑い日、Tシャツ、短パン姿の男が郷里飯山の実家から軽自動車を駆って青木村を走り回っていた。自分は郷土信州の偉人五島慶太に憧れて東急に入ったのに、慶太翁の生家も知らないじゃないか。それに気づいた時に居ても立ってもいられなくなり青木村に足が向いたのであった。当てもなく村中を駆け巡り、ついにその場所を見つけた。あの写真と同じ建物、同じ光景が目の前に広がった。

小学生の頃、父親の本棚からある一冊の本を見つけた。『信州の人脈』（信濃毎日新聞社）である。「事業に生きる　五島慶太」の章を読み、深い感動を覚えた。小学生には読めない難しい漢字がたくさんあった。それでも何か伝わるものを感じた。

やがて願いがかない五島慶太のつくった東京急行電鉄株式会社（現東急株式会社）へ入社、主にホテル部門に籍を置いた。ホテル不況の時は厳しい局面に置かれ、事業縮小・撤退というつらい仕事を担ったこともあった。その役目を終えて傷ついた心を携え赴任した沖縄県宮古島で土地の人々のやさしさに心が癒された。と同時に、これまで省みなかった自身の故郷への思いを強くした。それが青木村に赴いたきっかけだった。その、Tシャツ、短パン姿の男こそ現東急常務執行役員但馬英俊《たじまひでとし》（当時パンパシフィック横浜ベイホテル東急総支配人）である。

平成25年（2013）5月に村長になった北村政夫は、48年ぶりに青木村に帰ってみて自分が父に教わった郷土の誇りであるはずの五島慶太を知る若者がほとんどいないことに戸惑いを覚えた。生誕の地の自治体の責務として何としても五島慶太の偉業を後世に伝えなければ、その思いを強くした。

「青木村から五島慶太の記憶と記録が消え去ることを許してはならない」

但馬に伝えたこの言葉に北村の鬼気迫る執念さえも感じる。

北村は埼玉県庁在籍中、さいたま新都心の開発をはじめとする企業誘致や地域づくり・まちづくりなどを担当した敏腕局長であった。行動は早い。村長就任後、知恵を絞り平成28年（2016）に国が創設した「企業版ふるさと納税制度」を活用することで五島慶太

平成26年
東京都市大学勝又ゼミによる五島慶太生家実測プロジェクトの様子

没後60年記念事業として「五島慶太翁顕彰プロジェクト」を始動させた。東急の支援を受けながら慶太翁顕彰の象徴的な施設として「五島慶太未来創造館」を令和2年(2020)4月18日慶太翁の誕生日に完成させることになる。単なる顕彰事業なら「未来創造」など と大仰な名をつけない。このまま青木村を放っておけば長野県の一寒村になる危機感すらある、この村の一人ひとりが気持ちを強くしてもらいこの村を発展させていきたい、その思いを込めて「未来創造館」と名づけた。ここに北村の祈りにも似た熱い気持ちが伝わってくる。

時を同じくして平成25年(2013)、五島育英会発刊の慶太翁生誕130周年記念誌「熱誠」の編集に五島育英会の渡辺透が関わり、青木村の五島慶太の生家が当地で農業を営む上野家の所有になって農機具などを置く倉庫として現存することを知る。それが近い将来解体される可能性があることを知り、であれば存在するうちに実測し図面に残そうと考えた。

そこで白羽の矢を立てたのが、東京都市大学名誉教授の勝又英明である。勝又は文化財や劇場など文化施設に造詣が深く、また歴史における建築構造物の価値を知り抜いている。彼の丁寧な仕事はのちに生家についても忠実な復元をもとに家族の生活まで再現し、説明を聞くと物語を聞いているような気持ちになってしまうほどである。勝又の手にかかれば建物にいのちが吹き込まれると言っても過言ではない。

こうして五島育英会グループによる東京都市大学実測プロジェクトがスタートした。平成26年（2014）6月に実測部隊が編成されそして8月に夏休みを返上して生家の実測が繰り広げられた。昼は汗とほこりにまみれ現地での実測、夜は宿舎での資料作りと中身の濃い3泊4日の合宿であった。

現地に赴いた勝又によると、青木村の古民家は朽ち果てた家もあるがきわめてレベルが高く養蚕で栄えた痕跡を感じ取れたという。村全体が重要文化財になれるほどの価値を持ち、そのなかでも五島慶太の生家は、最も古くしかし保存状態がとても良かった。それもあって「実測の精度は、通常よりワンランク高い精度で行いました」と五島育英会の会報『ゆうわ』２０１５・３に記されている。それが後に大きな意味をもたらすことになる。

平成27年（２０１５）東急グループ代表に就任した野本弘文はこれから事業をどう展開しようかと思案していた。いろいろな社員と話してみたが与えられた仕事を「自分事」として考える社員が実に少ないことに危機感を覚えていた。社員が思いをひとつにして一人ひとりが当事者意識を持つためにどうすればいいか。その与えられた仕事を最大限に果たすために、「なぜこの会社があるのか？」「どう発展させることが必要なのか？」そういう発想に立つためにはどうしたらよいか、ひとり考え続けていた。

そうした思いを社員に持ってもらうためには、トップとしての思いが社員に伝わらなければならないということに気づいてゆく。そして社員に伝えながら、トップ自らが自分の信念に沿った形で進めなければならないと心に刻むようになった。そんな時に創業者五島慶太の思いを知るべく著作を読み直したときに『事業をいかす人』にその答えがあった。この本の教えは今でも生きていると強く信じている。

平成30年８月14日夕方、落雷により焼失した慶太の生家

そして、運命の日が来る。
平成30年（２０１８）８月15日、長野県飯山に盆帰りで帰省していた但馬（当時東急㈱社長室長）は信濃毎日新聞朝刊を見て驚く。そこには前日の落雷による五島慶太の生家焼失が報じられていた。しかもその日８月14日は慶太翁の60回忌の命日であった。但馬は何かに突き動かされるように急ぎ青木村に向かった。
そこには呆然と立ち尽くす村長北村がいた。北村と但馬は、消防団長を3月に降りたばかりの消火活動にあたっていた岩下竜太郎に何とか残すことはできないかと迫った。二人の熱い思いを受け止めながらも、岩下は古民家再生の腕利き職人として「今のままでは残すことはできない。解体しかない。しかし、何とかしたい、何とかせねば」と退くに退けぬ復旧への使命に駆り立てられたという。二人に迫られたときは「あの時は〝イエス〟か〝はい〟か、その二つしか選択肢がなかった」と当時を振り返り笑う。

但馬は「慶太翁の60回目の命日になぜ生家が焼けたのか、これには何か深い意味があるはずだ。五島慶太をここで過去の人に終わらせてはならない」とひとり考えた。そして逡巡の果てに帰京後、意を決してすぐさま野本の許に向かった。但馬の使命感からの行動であった。

野本は但馬の言葉をしっかりと受け止めた。その時のことを野本は令和6年(2024)3月、日本経済新聞の『私の履歴書』でこう語る。

「これは何かのお告げではないか―。同年4月に社長から会長になったばかりの私は衝撃を受けた。経営を担う者として使命を果たせているのか。そんなことを問われているように感じた」

野本は「事業をいかす人」で自分が学んだことを、自分の言葉ではなく創業者五島慶太の言葉として社員に直接伝え、直接感じてもらう場所が必要だと考えていたところだった。会社の仕事を社員一人ひとりが当事者意識を持って自分事として受け止め考えないと会社は発展しない。「何のためにこれをするのか」「正しいことは何なのか」これを社員が自分で考えられるようにならないといけない。野本は慶太翁の著作に繰り返し触れる中で、人間教育の重要性に気づかされていた。

こうして社員一人ひとりのために会社の未来のために五島慶太の事業哲学の原点を身をもって体得する修行の場として『東急グループ慶太塾』は胎動を始めたのである。

丁度その時同じ思いでいた男がいた。青木村村長北村政夫である。北村はその前令和2年（2020）に五島慶太未来創造館を設立し、慶太翁顕彰をさらに推進しようとしていた。「この命日に起こった偶然の出来事のさなかに、私には『村長よ、俺を利用して一生懸命村づくりをしなさい』という、慶太翁の声が聞こえた気がしたのです」

北村もまた東急の生家復元プロジェクトには即座に全面的な協力を名乗り出た。

令和4年（2022）9月復元工事が着工し、令和5年（2023）4月18日の慶太翁誕生日に合わせて竣工を目指すことになる。幸い、勝又らの作成した精密な実測資料が残されていた。あれがなければ忠実な復元は不可能だった。奇跡のプロジェクトである。

現地で指揮に当たったのが、東急建設現地事務所長の山口隆太と副所長の竹永光好、ふたりは雪の青木村に泊まり込んで作業を進めた。しかし冬の寒さに輪をかけ数々の技術的な問題が行く手を阻んだ。劣化し陥没した石垣の補強が最初の課題であった。RC建築に長けた山口の腕の見せ所であった。また図面通りに復元すると現行の建築基準法を満たせないことと工期がかかりすぎることもネックとなった。さらに一度解体した古材は性質が変わるために新材との接合はたいへんな困難を伴ったという。数々の難題を乗り越えるために作業を支えたのは、先に名前の挙がった岩下竜太郎ら地元の大工である。岩下は焼失した家屋に残った古材を「この子」と呼びわが子のように愛おしむ。東急建設の有する現代技術と経験豊かな地元の大工たちの伝統技術が融合し見事な連携が生まれた。何よりも慶太塾を造る目的がメンバーに共有され、個性あふれる建築のスペシャリストたちが、力を合わせて立派な仕事を成し遂げた。山口と竹永は「大工さんを中心に内側から作っていった。人の輪が作った建物だと思います」と控えめに胸を張る。彼らの原動力はここを訪れる人々の学びの場になって欲しいというひとつの願いであった。慶太の示した、己の持ち

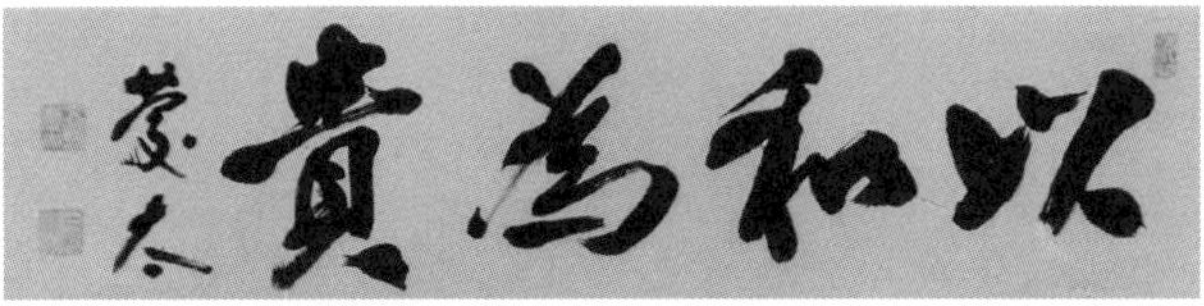

昭和33年　晩年の慶太は故郷の殿戸区に、公民館とともにこの書を寄贈した

場で最善を尽くしその第一人者となるという意味の「随所に主となる」をここでそれぞれが体現した。これこそが慶太の望む「事業は人なり」である。

思えば、慶太の望んだ「以和為貴（和を以て貴しとなす）」の神髄がここにあるのではないか。それゆえに慶太は社内の派閥を嫌った。目的をひとつにしてそれぞれが自分の成すべきことを自覚し、それでいて和気あいあいとしていること、それはまた現在の日本企業が忘れつつある、しかし最も求めるべきモデルのひとつともいえる。

こうしてさまざまな思いを乗せて五島慶太を次の世代へと継承しようという人々がい

令和５年に竣工した慶太塾　かつての生家の姿を忠実に再現している（提供：東急㈱）

る。そしてその人たちの謙虚で必死な生き方がどこか本来の五島慶太に似ているものを感じてしまう。

とどのつまりは次の世代に引き継がれるかは別として、その使命を感じながら生きていることにこそ大きな価値があり、その引き継ぐ使命を負った人たちに対して周囲も畏敬の思いを抱かざるを得なくなるのである。目先の損得や打算を越えて、誰のことも呪わず、与えられた運命に屈せず自分らしく生きる。西郷の言う「命も要らず、名も要らず…」それが本当の自由なのかもしれない。

あの落雷が五島慶太に思いを寄せる人たちの心に落ち、それぞれの心を束ね、生家を慶太塾に再生させた。無論、慶太塾の完成は目的ではない、一通過点である。未来に続く鉄路はこれからも長く続く。

青木村周辺には「夕立と騒動は青木から」という言い伝えがある。夕立のあとには茜色に染まる空に虹がかかる。この書が五島慶太と未来を生きる者たちとをつなぐ希望の架け橋となることを青木村の人たちとともに願う。

五島慶太翁への想いを語る懇談会

令和６年（2024）12月６日

東急グループ慶太塾にて

座長（進行）

　「慶太伝」執筆主幹　　根本　忠一

語り手

　東急株式会社 常務執行役員　　但馬　英俊

　東京都市大学 名誉教授　　勝又　英明

　株式会社岩下建築太郎工房 代表取締役　　岩下竜太郎

　生家小林家代表　　小林　正博

　青木村 村長　　北村　政夫

慶太伝編纂にあたり、これまで五島慶太翁の顕彰事業を担ってきたキーパーソンにお集まりいただき、60回目の慶太翁の命日に落雷で焼失してから、生家復元までの道のり、そして慶太翁の実像についてそれぞれの想いを語っていただきました。その懇談会の一部を要約して掲載しています。

生家復元への道のり

根本：

司会を務めさせていただきます根本です。本日はどうぞよろしくお願いします。かつて東急さんが発刊された『五島慶太の追想』では慶太翁に生前ゆかりのあるメンバーが集われて懇談会が行われて掲載されていましたが、本日のメンバーは誰一人、生前の五島慶太翁のことを知りません。言い伝えや書物でしか知ることは出来ませんが、時が経った今だからこそそれぞれの想いの中で見えてくる五島慶太の真実もあると思います。

北村村長の想いから始まった「慶太伝」プロジェクトですが、今回の伝記編纂にあた

根本忠一:「慶太伝」執筆主幹

り慶太翁を未来にどう伝えていくかということを念頭にして、それぞれの想いをお話しいただければと思います。

実は昨日東急本社に伺い、東急グループの野本代表にお会いしました。当初、この会場となった東急グループ慶太塾を作られたことについて野本代表のご自身の動機をお聞きしたいと思っていました。私の知る限りにおいて、慶太翁と野本代表が、あの生家の落雷でつながったように思っていたのですがそうではありませんでした。野本代表は落雷以前からこれからの会社の経営をどうするかということを考えている時に、慶太翁が書き残した書籍から多くを学んでいたということをお聞きしました。そ

北村政夫：青木村村長

の矢先に落雷があって、それが生家復元のきっかけになったとお聞きしました。
そして北村村長、但馬常務といった方々の慶太翁を世に伝えたいという熱い想いがあり、青木村、東急グループにとどまらず、もっと広くそして未来にどう伝えるかということで今回の『慶太伝』を発刊する運びになりました。このミッションは会社のためとか村のためとか、そういうことではないと思います。見返りを求めず、慶太翁を伝えること自体がこのミッションになっていると思います。まず北村村長に口火を切っていただければと思います。

北村：
私は、村長にさせていただいた当初から慶

太翁の生家を何とか残したいということを考えていました。喫緊の事業がひと段落着いた頃、奇しくもあの慶太翁60回目の命日に落雷で生家が火事になりました。一晩燃え続ける生家を見ていたのですが、正直申し上げてあの時は興奮して混乱していました。今まで心に抱いていた、慶太翁に関して何かをやりたい、何かをやらねば、という気持ちが燃え盛る生家を見てあらためて湧き起こってきました。じゅうぶんに気持ちの整理がつかない中で、象徴となる施設をつくれないかという構想が生まれて来て、それを渋谷の東急本社に行って野本代表に相談をしなければという思いに至りました。

慶太翁の顕彰事業と村づくりをつなげるような施設をつくりたいという想いが生家の火事をきっかけに芽生えたというのが偽らざる気持ちです。

根本：

但馬常務はいかがでしょうか。

但馬：

私の原点はこれです。――『信州の人脈』（信濃毎日新聞社編）

信州飯山の実家の父親の本棚にありました。昭和41年（１９６６）の発行ですから、私が４歳の時から本棚にあったと思います。いろいろな信州の偉人が載っていましたが、

但馬英俊：東急株式会社常務執行役員
（一般社団法人 東急グループ慶太塾 専務理事）

その本にあった五島慶太という人物に子どもながらに関心と敬意を抱きました。同じ頃、両親からは旧国鉄飯山駅前にある大きな「五島慶太翁碑」の由来についても聞いていました。そして、これらが私の人生の原点になりました。いつの頃からか五島慶太さんのつくられた会社に入りたいという思いが次第に募り、東京の大学を卒業後、幸いにも東京急行電鉄株式会社に入社することができました。

私はこれまでホテルの仕事が多く、全国各地を異動して、45歳の時に沖縄の宮古島に3年間赴任したのですが、その時に、今まで以上にふるさとへの想いが強くなりました。自分は郷土の偉人五島慶太にあこがれて東急に入ったけれど、今だに慶太さんの生家すら知らないじゃないか、そう強く思ったのです。そして宮古島から次の勤務地である横浜に異動してすぐ青木村を訪ねました。生家を探すのはとても大変でした。村のいろいろな方にお聞きしたのですが、わからなかった。半日探して、やっと見つけたのが、山の一番上のこの場所。あの時の感激は忘れません。その時に声をかけてくださったのが、お隣の上野雅幸さん、奥様のチエさんでした。事情を話すと「よくここまで来てくれましたね」とおっしゃって、ご自宅の縁側でお茶と漬け物やお菓子を出してくれました。雅幸さんのおばあさんと、当時の小林慶太少年、もう一人近所の男の子が幼な友達で、小さい時は3人でよく村のあちこちを遊びまわっていたそうです。平成22年（2010）、これが上野ご夫妻との最初の出会いであり、その後手紙や年賀状を通じて交流が続くことになりました。

平成30年（2018）8月14日は、お盆休みで飯山に帰省していました。翌朝、『五島慶太の生家を焼く』という信濃毎日新聞の記事を見て驚愕し、突き動かされるように、青木村に飛んできました。現地に到着した時は落雷から一日近く経っていたにも関わらず、生家の厚い茅葺屋根の中の火種が消えないままで、地元の消防団の方々が懸命に放水を続けているところでした。上野雅幸さんは既にお亡くなりで、奥様のチエさんお一人でいらっしゃって、私と出会ったとたん、「但馬さん来てくれたの？　ごめんなさい。慶太さんのお家焼けちゃった。」とおっしゃられて、私にすがりつくように泣かれ、チエさんの涙が止まらなくなられたのです。長い間ご主人の雅幸さんとお二人で生家を守ってこられたという想いが一気にこみ上げたのだと思いました。大正時代に上野家が小林家の建物を買い取られ、それからもう100年以上が経っているにも関わらず、〝慶太さんからお預かりしている〟というお気持ちをずっと持ち続けていらっしゃったことに胸を打たれました。同時に「五島慶太を絶対に過去の人物に終わらせてはならない。」と、私自身が覚悟を決めた瞬間でもありました。

東京に戻り、休み明けの月曜日の朝一番、野本代表の部屋に火災の新聞記事を手に飛び込んで、私の想いと北村村長の想いをストレートにお伝えしました。落雷のあった日が慶太翁60回目の祥月命日だったということもあり、野本代表は衝撃にしばらく言葉をなくされていらっしゃいました。それがすべての始まりでした。

根本：

北村村長、慶太翁のプロジェクト全体が人に支えられながら、運命に導かれるような感じがあったかと思いますが。

勝又英明：東京都市大学 名誉教授

北村：　生家焼失後、コロナ禍があって、生家の火災が1年後であれば、五島慶太未来創造館はできていなかったと思います。コロナ禍のさなかでは、とても東急さんにお願いできるような状況ではなかったと思います。

　慶太翁は、それがわかっていて、あの日、あのタイミングで、雷を落とした。コロナ禍を見越していたのではないかと思ってしまいます。

　ここにいらっしゃるみなさんもそうですけど、慶太翁を通してのご縁だと思いますね。それを引きつける慶太翁の力、パワーは改めてすごいと思います。

当時の生家所有者（上野雅幸、チエご夫妻）へのヒアリングの様子
（平成26年８月実測調査時）

根本：燃えた後の生家復元についてですが、焼失前に実測調査を勝又先生がされていて、あの時の図面がなかったらこの復元プロジェクトは出来なかったと思います。実測に至る経緯を教えていただけませんか？

勝又：実測調査をするきっかけというのは、この五島慶太の生家が現存することを知り、朽ち果てる前にちゃんと実測をしておきたいということで研究費用を大学に出してもらいました。私のいる東京都市大学の母体は五島育英会で、五島慶太翁がその五島育英会の初代理事長でそこから実測の費用を２００万円出してもらいました。その費用で、平成26年（２０１４）８月6日から3泊４日の日程で勝又ゼミ生等総勢10名の調査部隊を結成し、調査合宿を行いました。調査が真夏でしたので、まず暑さとの戦い。そして、蜂などの昆虫との戦い。ひ弱な、都会から来た我々でしたが、北村村長はじめ、殿戸のみなさんの手助けにより､何とか調査合宿をすることができました。調査合宿中、北村村長主催によりまして、我々調査隊と地元の殿戸のみなさんとの懇談会も企画していただき、交流を深めることもできました。追加調査とあわせて全3回の現地調査を実施しました。調査の結果わかったことは、この慶太翁の生家は、約１５０年の間に、五期にわたって増改築がなされており、非常に複雑な構造で、まさに謎をひとつひとつ解き明かすミステリーツアーに参加した気分でした。

この調査をもとに、とにかく正確な実測図を作っていくことが、大きな目的でした。そしてＣＡＤ化しておければ万が一の時は、復元も可能であると思っていました。しかし一方で、デジタル化というのは信用できないところもあり、万が一デジタルデータを失っても大丈夫なように紙の記録も報告書として残しました。報告書が残っていればまあ何とかなる、ということで記録保存を考えたのです。そしてつくった報告書はいろいろな図書館においていただいているので、それも万が一の時に役に立つと考えており

岩下竜太郎：㈱岩下建築太郎工房 代表取締役

ます。

根本：　それがなければこのあとのミッションが実現できなかったかもしれないわけですが、当時はそこまではお考えになりましたか？

勝又：　当然考えていたわけではないですよね。（笑）

根本：　今のお話に続いて、岩下棟梁にとってこの勝又先生の正確な図面があったことの意味は大きかったと思うのですがいかがでしょうか？

また、図面があったにせよ実際にはかな

火災の翌朝まで消火作業は続けられた（平成30年８月15日早朝）

りご苦労なさったと思いますが、そのあたりはどうだったのですか？

岩下：　まず私自身のことを申し上げますと、世代的に慶太翁についてはそれまであまり存じ上げていなくて、慶太翁がどんな人か知らないばかりかお名前もよく知りませんでした。私が慶太翁を知るきっかけとなったのは生家の火事の時です。火事の時は、その年の３月まで青木村消防団の団長をしていて、退任した直後の８月14日だったわけです。消防団を退任したばかりでしたので、後輩の消防団員への指導をするという気持ちは持っておりました。現場に消防車が来て水をかけはじめていた時に、すぐに村長が飛んで来られました。村長も興奮していて覚えてないと思うんですが、「まずこれは、元どおりになるのか」、火が消える前からおっしゃっていて、「村長、それどころではないです。まず火を消さないと」と答えました。しかしさらに、「あんまり木材を濡らさないで消せないか」、とおっしゃって、「まず消すことが先決です」と言い返したことを覚えています。

消火活動なのですが、萱の部分に火が入っていたので消火するのが大変でした。水をかけてもかけても消えなくて、煙がおさまったと思ったらまた火が出て…その繰り返しで、一晩中消火活動をしてやっと翌日に鎮火するわけですが、解体するにもそのお金がどこからでるのかわからない状況下で、「岩下、とりあえずやってくれ」という話になりました。

幸いにも既に勝又先生に精密な図面をつくっていただいてあった。本当に用意周到のようで不思議な感じがしました。まるでこのために勝又先生は実測調査をやっておいたのではないかと思ったくらいでした。普段は、自分たちが現場を廻って、触って調べながら図面をつくるわけですが、それが既にできている、先ほど、そこまで先を見越していましたか？　という質問がありましたが、本当に準備の良さを感じました。勝又先生の図面にそのまま、番号をつけるだけでよかったので非常に助かりました。解体もスムーズにできました。村長からはそのあと半年もしないうちに「復元するぞ」、と言われました。

根本：その時のお気持ちはどうでしたか？　信濃毎日新聞の記事の中で、「選択肢は、『はい』か『イエス』しかなかった」と掲載されていましたが。

岩下：それしかなかったんです（笑）。『はい』か『イエス』、それだけでしたね。

根本：その迫力に押されて後悔しませんでしたか？

岩下：令和4年（2022）8月に、あらためて但馬常務と北村村長お二人からご依頼をいただいて、その半年後には、この場所に建てるんだ、戻すんだということで気持ちが固まってきました。僕にとってはこの生家は、上野雅幸さん家の物置だったんだけれど、この生家は皆さんのストーリーが詰まった建物だったのだと、はじめて実感しました。

根本：お二人の迫力に押されてそうなったわけですが、岩下さんの慶太翁への想いはどういうところにあったのでしょうか？建物をつくるというご自身の原動力は何だったんですか？

岩下：慶太翁の生家は、この場所になくてはいけないこの場所にあるべきもの、という想いが強く、すごく大切で貴重な建物であってそれを元に戻すということが私の使命だと受け止めるようになりました。それが復元に対しての私の大きな原動力となりましたね。

五島慶太の人物像に迫る

根本：それでは、これから後半は、五島慶太翁の人間像ということで、まずは慶太翁の生家小林家のお話をお聞きいたします。小林正博さん、五島慶太という人はどのような人間であったかと小林家では伝えられていましたか。また、慶太翁の実像をご存じの範囲で

小林正博：小林家代表

結構ですからお話いただければと思います。

小林：

まずは私のことを申し上げると、慶太の兄の虎之助のひ孫になります。慶太が亡くなったのが昭和34年（1959）、私が生まれたのが昭和36年（1961）ですので、私の生まれる2年ほど前に他界しております。よって、同じ時間を共有したことはありません。

家族の中で、慶太の話が出るということは正直あまりなかったです。慶太の話をしてくれたのは、慶太から見たら姪であるみのぶからです。みのぶは虎之助の子どもです。それと亡くなる一、二年前の私の父、俊一から慶太の話が出ることがありました。

話があまり出なかった理由として、「強盗慶太」、そういう名前を拝していたということ、そして、兄の虎之助の評判が絡んでいるのかなと思います。小林家にとって慶太についての悪かった部分が誇張されて伝わっていて触れたくはなかった話題でした。それであまり家では語られることはありませんでした。

慶太の兄の虎之助についてですが、実家を継ぎまして農業をやっていました。そして戦中は青木村の村長をやっていました。村長の在任中に村役場をつくるという話になったときに、場所の選定の際、周りの人からすればその進め方が唐突に見え、少し強引な印象を与えてしまったようです。その結果、周囲から反対意見が出て、それがきっかけで村長を辞めることになりました。

そのことが周りに面白おかしく伝わっていたのではないかと思います。当時、青木村で力を持っていた人たちは、青木村のもう少し奥の方々でした。青木村で殿戸という地区は上田から見て青木村の入口の小さな地区であり、そんな小さな地区から出ている村長の好き勝手にさせない風潮があったようです。

最終的に村長であった虎之助が提案した今の役場の場所に役場を建てることになった

わけですが、虎之助が提案した段階では受け入れられなかったようです。虎之助も慶太に似て目の前のことよりも先を読んで行動していたように思います。

根本：

意外でした。私たちのイメージとすると、村長になられた虎之助さんのことも慶太翁のこともご家族は名誉なことだと思っていたのですが、小林家ではそう思ってらっしゃらなかったということですか。

小林：

思っていなかったと思います。これも間接的に聞いた話ですが、兄の虎之助の家ですが、旧生家から今の家に移転してきまして新しい家を建てたのですが、それが当時とすればわりと大きな家だったわけです。それを五島慶太からお金を出してもらって建てた家だと言う方がいらっしゃいました。

実際には、旧生家から移転してきたのは慶太が35歳の時です。まだ35歳には、東急も存在していなくて、まだ鉄道院の役人をやっている時代でした。お金を出すのはまだ不可能な時代だったと思います。ですが、そういう大きな家を建てたものですから、後々、慶太に資金を出してもらって、大きな家を建てて自分たちだけが贅沢三昧をしているという、根も葉もないうわさが流れそんな感じで周りには受け止められていたようです。
このような周囲の反応があって、小林家としてはあまり慶太のことはしゃべりたくなかった。慶太の話題は家族が集まっている場で出ることはなかったようです。

根本：
そういうことですか。当時とすると小林家の皆さまはとても辛い思いをなさってきたということですね。そういう世間の噂といいますか評判があった一方で、慶太翁は家族や親戚に非常に優しく面倒見が良かったということですか？

小林：
私の父である俊一についてですが、祖父の虎之助は非常に頑固なところがありまして、進学とかいろんな事柄の相談相手は、慶太にしていたようです。虎之助とすれば孫の俊一を医者にしたいという意向でした。結局俊一は、医者にはならないわけですが、医学部に落ちた後も、医学部に入る道を一緒に模索してあげていたようです。俊一は結局、医者は嫌だと慶太に打ちあけました。その時、慶太から虎之助に話をつけてくれて納得してもらったと聞いています。

五島慶太への想い、そして伝承のミッション

根本：　さて、それでは最後に参加いただいた皆さまに、慶太翁への想いを語っていただきたく思います。

岩下：　私は五島慶太という人物に想いを馳せてというよりは、生家の建物を通して、慶太翁と向き合ったという感じです。今の時代は、アナログで仕事をしていくことはすごく困難になっています。後輩、弟子たちに、この技術と想いを継承する場面を、提供し続けられる工務店でありたいと思います。デジタルに押されて弱気になっていた部分があったので、改めて地道に世のため人のために働けと感じたプロジェクトであったと思いました。私にとって次に進めるきっかけとなるプロジェクトだったと思います。

小林：　6年ほど前から、いろいろなかたちで東急さんにも関わっていただいて、小林家としても汚名を晴らすという言い方が良いのか悪いのか、今回は間違った認識を改めていた

だく良い機会をつくっていただいて本当に感謝いたしております。

勝又：　先ほども言いましたが、私の大学東京都市大学は五島育英会に属し、五島慶太翁が最初の理事長です。私も武蔵工大の在学中に、「強盗慶太」という話を経済学の授業で聞いていましたが、別に犯罪をしたわけではなく事業を通して世の中の発展のためにいろいろと良いことをたくさんしてこられたと教わりました。五島育英会自体も渋谷の発展を含めて五島慶太の精神がその事業に引き継がれています。私は、強盗慶太論には反対です。あれは時代としてそういう時代であったからで何も問題がない。私は、大学ではそう学んでおります。

但馬：　10歳の頃、「信州の人脈」という本で五島慶太を知ってから半世紀、この間慶太翁に私淑しながら、ひたすら「点はいつかきっとつながる」という希望を持ち続けてきました。そしてまさにあの落雷をきっかけとして、北村村長や殿戸地区の人々、勝又先生や岩下棟梁、弊社や東急建設の首脳陣と建築技術陣など、多くの想いが結びつき、1本の太い線となって、生家を慶太塾として再生することができました。あわせて何より、長

殿戸地区における慶太塾建設の説明会にて（令和４年７月）

きにわたり生家を大切に所有・管理されてこられた上野家の方々、特に落雷の翌年に生家跡地を快く弊社にお譲りくださった上野チエさんのお心を私達は決して忘れてはならないと思います。

東急グループには現在約６０，０００人の従業員がいます。社員や家族、関係者の皆さんが、まず、ここ、慶太翁の生まれ育ったこの聖地の息吹を感じていただいて、ここは何か落ち着ける、パワーをもらえる、ここに来た人が心の中で慶太翁と対話され、それぞれに何かを感じてほしい。そういう場所でありたい。歴史に学び、創業者精神や志といったものを次世代にしっかりと引き継いでいくことができれば、こ

懇談会参加者

こをつくった大きな意味があったなと思います。

根本：最後に北村村長のお言葉をいただきたいと思います。

北村：慶太翁の顕彰事業をとおして、村づくりをしていきたいということが、1つの目的であった訳ですが、顕彰事業を進める中で、生家の焼失などの出来事から、もう1つ大きな目的がわかってまいりました。それは、慶太翁の生き様を通して、青木村、東急に、そして未来を生きるみなさんに、慶太翁が、何を伝えたかったのか、何を残してそして未来に継承してもらいたかったか、このことをしっかりと考えて、記録し、後世に残して伝えていくことが、我々の責務だと感じました。そしてそれは、今しかできないことで、慶太翁と関わりがあった方が、僅かですが、いらっしゃる今、根本先生を中心に、調査をいただき、こうして「慶太伝」という形で世に出し、慶太翁の実像を、継承して行くという1つ旗印になるのではないかと思っております。結びに編纂にあたり、ご協力いただいた皆様に、そして本日ご出席いただきました皆様に、心より感謝申し上げます。

根本：本日は、良いお話をいただきましてありがとうございます。これから皆さまの思いを胸に慶太伝をしっかりと書き上げたいと思います。

これで、慶太翁への想いを語る懇談会を閉じます。

皆さま、ご協力ありがとうございました。

懇談会参加者

懇談会風景

＊懇談会時写真撮影：飯島宣夫（中澤印刷㈱）

著者あとがき

著者あとがき

本書の執筆にあたり、まず五島慶太の伝記を先に書かれた方々に謝意を申し述べたい。重永睦夫先生をはじめ、太田次男、菊入三樹夫・上條泰子、菊池久、北原遼三郎、三鬼陽之助各氏のこれまでの功績があってこそ本書を書き上げることが出来た。しかし執筆に先駆けた調査においてこれら先学の言説を覆す意外な事実が明らかになりそれを訂正させていただいた。まるで墓を掘り返しているようなおのれの所業に嫌気がさすこともあったが、この書もいずれは後世の研究者によって書き改められることを潔しとする覚悟である。

世の人々は五島慶太の真実を知らぬままに、「強盗慶太」の異名の通りに本人を評価してきた。そのことでご子孫が苦しみを受けてきたことを今回の執筆で思い知らされた。本人が経営者、事業家であったがゆえに後世の評価にさまざまな色がつくことは否定できない。しかし私自身もそれに与していると思われることは望むところではなかった。

執筆を依頼される1年前には青木村の名前さえ知らなかったし、私は東急の社員でもない。ただ昔から私の知る東急の人たちは素晴らしい人ばかりだった。その意味で私自身が門外漢であり、脱稿する今においてもその責任において、私の執筆で本当に良かったのか、という思いを引きずっている。

ほぼ一年近く本業以外の多くを犠牲にしてこの書を書き上げた。苦労して時間を捻出し、深夜零時をまわった頃にやっと五島慶太と〝対話〟出来ることが私にとっての至福の時間になった。五島慶太を英雄仕立てにする役割を負うわけではなく、自分が次に何を書こうか、落としどころはどこにするか等全く考えなかった。ひたすら真実を追い続ける中で五島慶太に魅了されていった。

連載小説作家は書きながら次のストーリーを決めてゆくと聞いたことはあるが、文章の神様が降りて来るというその感覚を知り得ることが出来た。人生と同じで筋書きなどない。苦労したから成果が出るというわけでもない。文章の神様に書かされているだけで、振り返ったらそこに筋書きがあったということだけである。

執筆の間に私自身も様々な試練と孤独を味わった。墓場まで持って行きたいほどの語りたくないこともある。しかしそれを何かで紛らすことを、与えられた時間と私の使命は許してくれなかった。悲しみや失望を抱え逃れられない中で執筆に向き合ったことが何度もあった。そこで自分が描こうとする五島慶太に逆に何度も支えられ力を得たことか。これほど苦しさを味わいながら五島慶太という一個の人間に向き合っていた時間が愛おしい。

私の生涯の師と呼べる方が小林秀雄のこの言葉を教えてくれた。

「嘗《かつ》てあったが儘《まま》の人間を、忠実に紙の上に再現してみたいという伝記作者の努力ほど不思議なものはない。誰も死んだ人間を生き返らせようとは努めないが、紙の上では生き返らせようとする。紙の上では奇跡は成就するという信仰があるのだ。確かにこれは信仰であって、筋の通った意図ではない。伝記を書くという仕事の根柢にある、そういう深い非合理性に対して、常に一種の驚きを失わぬという事こそ伝記作者には必要な事だ。この驚きが失われると伝記は乾枯《ひから》びたものになる、或は不純なものになる」

この言葉が最後まで私を支えてくれて、失速を免れた。

そして五島慶太とそれを取り巻く人々のやさしさ、寛容さに何度も心を打たれた。五島慶太ひとりが特別な人間、天才ではなかったと今となっては断言できる。人に支えられてこそ彼がいたのである。「特別」ではない。執筆が進むにつれ、やがて五島慶太はどこにおいてもいつの世においても生まれ得るという希望をお伝えしたくなってきたのである。

この伝記を書くにあたり、青木村役場の方々も何のノウハウもない中で制作を進めた。私自身も執筆や本の制作は本業ではなく、わからないことばかりで様々な困難に出くわし

往時の風情を残す沓掛温泉　手前が小倉乃湯

た。理不尽なつらいやり取りもあった。その時に北村村長の「あくまで正攻法で」という言葉で救われた。

多くの支えもあった。松本の信濃史学会のメンバーは、手術を前にしたベッドの中で国会図書館にアクセスして定説を覆す事実をいくつも解き明かしてくれた。そのあと「無事手術が終わりました」の報が届いた時は一瞬何のことかわからなかった。病床で調べてくれていたことを知り胸が熱くなった。「真実をもって五島慶太を広めていただきたいのです」と前に聞いた言葉を思い出した時にそこに宿る彼の無私の魂に心を打たれた。

青木村沓掛温泉の居酒屋千楽で偶然居合わせたのは、元禄から日本の美術工芸の伝統を継ぐ老舗会社17代目の女性社長とその御主人であった。のちに東京で再会した時は私の状況を見抜いていた。何の説明もない中で「御苦労しているのでしょうね」とお声をかけてくださった。あとで知ったのはその御主人は世界でも名の通るほどのトップクライマーで日本山岳会の前副会長である。彼女自身もヒマラヤ遠征の経験もあり、岩稜登攀《がんりょうとうはん》を得意としていた。限界を超えることに挑戦してきた人間は、同じ状況にいる者の気持ちがわかるものだ。私も日本山岳会に入会を許されたばかりで不思議なご縁を感じた。

その彼女もまた五島慶太に畏敬の念を抱いていた。彼女自身の経営哲学は「世のため、人のため」「真善美」。善き考えを持ち、〝善き仕事をし善く生きる〟を信条にしている。慶太の想いは現代の経営者につながっている。男性の多くは五島慶太の実業界に入ってからの買収や調略・謀略に興味本位な関心を寄せる。野心の正体を暴きたくなるのだが、女性の場合は、何をしたか以上に、より彼の人間的大きさや強さに目を向けているように感じた。損得のフィルターしか持ち得ないと五島慶太の本質には迫れない。

私の所属する日本生産性本部の出版、広報部門の方々からも貴重なアドバイスを受けた。仲間が気にかけてくれ、幾度も難局を救ってもらったことにあらためて感謝の意を捧げたい。役員のおひとりからは通りを歩いている時に「根本さん、期待していますよ」と声をかけていただいたことがどれだけありがたかったことか。

信念は、孤独であることと友がいることとの狭間に息づいていることをあらためて学んだ。と同時に伝記の制作が進むにつれ、このプロジェクトに関わった人々が段々と五島慶太になっていった。ほんの少し嬉しい気持ちで見ていた。保身を潔しとせず、体のいい迎合を嫌い、それぞれが思いを伝え合い、己の妥協なき信念をぶつけていたことが懐かしい。自分を露わにするからこそ真の人間関係が生まれる。今の時代が忘れている真実でもある。

伝記は、のちの誤解を恐れ決して見せられない部分がある。本人とて自分でも説明できない無意識の行動や、思い出したくない事実もそこにある。伝記作家は不都合なことを「隠す」わけではない。それは逆で読者に主人公の実像、執筆の真意が伝わらないことを恐れてのことであることをご理解いただきたい。

人間が触れられたくない事実を暴《あば》いて楽しむのは悪趣味で敬意に欠ける。あえて書かないことで読者の想像力に委ね、その想像力から見出される答えをもって真実を雄弁に伝えようという選択肢があることを信じたい。

しかし執筆においては、可能な限り事実に忠実になり、体裁を繕い表面的に綺麗に書かないことを心がけた。特に伝記の場合、著述する人間の主人公に対する権威バイアスが作用し、主人公を誇張し神格化するほうに流されやすいことに気づき留意した。それを主人公自身が求めていると勘違いした時点で主人公の偉人の資格はは奪され、それに伝記作家は加担することになる。さらにはそのことで事実がゆがめば史実としての価値を失い、後世に残らない。

偉人も人間であるがゆえに見方を変えれば違った人物像になる。読者が主人公から何を学ぼうとするかで得られるものが異なってくる。

この伝記をもって多くの協力いただいた方々のご助力によって現時点で調べられるだけのものを調べ書けるだけのものを書いたがそれでも限界を感じた。読者の賢明で理性的な想像力に委ねる意図をもって五島慶太の価値を見出してくださることを願うしかない。

執筆を進める中で、たじろいでいた私を助けてくださったのは信濃毎日新聞社の古くからの友人たちである。代表取締役専務 畑谷広治氏、そして編集局 局次長デジタル統括 小池浩之氏のお力添えと励ましにここであらためて感謝の言葉をお伝えしたい。

ご多忙の中インタビューに快く応じていただいた東急グループ代表野本弘文氏にも同じ感謝の気持ちをお伝えしたい。お昼の時間に食事もせずに丁寧にお気持ちを語ってくださった。そしてこの「慶太伝」の完成を待ち望み、私の傍らで忍耐をもって温かく支えてくださった東急㈱常務執行役員但馬英俊氏の献身的な支えへのご恩は忘れることができない。お二人の無私の姿勢に私も学ばせていただいた。

最後に、ずっとともにこの執筆を辛抱強く支えてくださった青木村役場塩澤和宏氏、青木貴子氏をはじめとする青木村役場職員、道の駅あおきの職員の皆さま、そして私にやさしくしてくれた青木村に暮らす人々に感謝をお伝えし、この完成をともに喜びたい。それぞれの人生において誇り得る勲章のひとつになったと信じたい。

そして本当の最後に『慶太伝』を構想した青木村村長北村政夫氏の信念と情熱にあらためて敬意と感謝を捧げる。

1年近く前に北村村長から執筆のご依頼を受けたときに、この本が完成した暁《あかつき》には自分の運命が変わるかもしれないと直感した。それが現実のものになり驚いている。37年いた職場を離れ、新たな地平に踏み出すことになった。これからどうなるか全くわからない。仮にどうなったとしても、五島慶太にも、青木村の皆さんにも、東急の方々にも笑われない生き方をしたい、そう思う自分がいる。

令和7年（2025）3月　根本忠一

年表

明治15年	1882年	0歳	4月18日　小林菊右衛門、同寿ゑの次男として長野県殿戸村（小県郡青木村）に誕生
明治22年	1889年	7歳	青木尋常小学校（青木小学校）に入学
明治26年	1893年	11歳	青木尋常小学校4年を卒業 小県高等小学校浦里分校（浦里小学校）に入学
明治28年	1895年	13歳	小県高等小学校浦里分校2年を卒業 長野県尋常中学校上田支校（上田高校）に入学
明治31年	1898年	16歳	上田支校3年を修了 長野県尋常中学校（松本深志高校）に入学
明治33年	1900年	18歳	松本中学校（松本深志高校）を卒業し、恩師小林直次郎の紹介で青木尋常高等小学校の代用教員として勤務
明治35年	1902年	20歳	東京高等師範学校（筑波大学）英文科に入学 この学校で嘉納治五郎に出会い影響を受ける
明治39年	1906年	24歳	東京高等師範学校を卒業 三重県立四日市商業学校に勤務
明治40年	1907年	25歳	東京帝国大学（東京大学）に入学
明治44年	1911年	29歳	東京帝国大学を卒業し、農商務省の嘱託となる

明治45年	1912年	30歳	久米民之助の長女万千代と結婚 小林慶太から五島慶太に改姓
大正2年	1913年	31歳	長女　春子誕生 農商務省嘱託から、鉄道院勤務となる
大正3年	1914年	32歳	次女　光子誕生
大正5年	1916年	34歳	長男　昇（後の東京急行電鉄㈱会長）誕生
大正6年	1917年	35歳	飯山鉄道㈱設立　設立にあたり尽力
大正7年	1918年	36歳	寄宿舎千曲寮設立　企画から設立まで尽力 次男　進誕生
大正9年	1920年	38歳	上田温泉軌道㈱（現・上田電鉄の前身）設立　設立にあたり尽力 鉄道院を退官　武蔵電気鉄道㈱常務取締役に就任
大正11年	1922年	40歳	妻　万千代逝去 目黒蒲田電鉄㈱を設立し、専務取締役に就任
大正12年	1923年	41歳	関東大震災発生　目蒲線が開通
大正13年	1924年	42歳	武蔵電気鉄道㈱を東京横浜電鉄㈱に変更 専務取締役に就任
昭和2年	1927年	45歳	東横線渋谷―神奈川間が開通
昭和8年	1933年	51歳	次女　光子逝去

昭和9年	1934年	52歳	青木小学校建築費を寄付
			東京高速鉄道㈱を設立し、常務取締役に就任
			東横百貨店を開業
昭和14年	1939年	57歳	東横商業女学校開校
昭和17年	1942年	60歳	東京横浜電鉄㈱が小田急電鉄㈱、京浜電鉄㈱を合併し、東京急行電鉄㈱に商号変更 取締役社長に就任
昭和18年	1943年	61歳	次男　進、ソロモン諸島にて戦死
昭和19年	1944年	62歳	東京急行電鉄㈱社長を辞任 運輸通信大臣に就任
昭和22年	1947年	65歳	GHQ（連合国軍最高司令官総司令部）により公職追放
昭和26年	1951年	69歳	東京映画配給㈱、東横映画㈱、太泉映画㈱と合併し、商号を東映㈱と変更
			公職追放解除
昭和27年	1952年	70歳	東京急行電鉄㈱取締役会長に就任
昭和28年	1953年	71歳	城西南地区（現・東急多摩田園都市）開発構想を発表
			東急不動産㈱を設立し、取締役会長に就任
昭和30年	1955年	73歳	㈶大東急記念文庫を開館し、一般公開
			武蔵工業大学と㊫東横学園を合併 ㊫五島育英会を設立、理事長に就任

昭和31年	1956年	74歳	㈻亜細亜学園の経営を引き受け理事長に就任
昭和33年	1958年	76歳	郷里青木村殿戸に公民館を寄付 信州電波専門学校（現・東京都市大学塩尻高等学校の前身）の経営を引き受ける
昭和34年	1959年	77歳	伊東下田電気鉄道㈱を設立し、取締役に就任 8月14日　逝去
昭和35年	1960年		（公財）五島美術館が開館
昭和56年	1981年		五島慶太翁記念公園が開園
平成30年	2018年		8月14日　生家が落雷による火災で焼失（60回目の命日）
令和2年	2020年		4月18日　五島慶太未来創造館開館
令和5年	2023年		4月18日　生家跡地に東急グループ慶太塾開塾
令和7年	2025年		4月18日　慶太伝発刊

慶太伝　取材協力者一覧

（五十音順　敬称を省略して掲載しております）

青木貴子
阿部守一
飯島宣夫
池上安雄
猪野亮太郎
今井大祐
岩下竜太郎
上野チエ
大塚泰正
尾川博国
片田幸男
勝又英明
金井温子
金井慎一
金指潔
樺幸世
菊入三樹夫
菊入（上條）泰子
北村政夫
木下守

沓掛千枝子
沓掛英明
倉田浩
栗原浩史
小池浩之
五島祐
後藤芳孝
小林利行
小林規子
小林久夫
小林宏記
小林正博
小林喜光
坂井（伴）紀子
坂井広志
櫻井隼彦
佐藤公孝
塩澤和宏
篠田雅彦
島田誠

清水正巳
清水望和
正中麻侑生
新間寿樹
杉溪一言
関麻耶
髙野勝弘
高橋精一
竹内敏浩
竹永光好
但馬英俊
多田和之
田中真一
玉舎宏之
津田直樹
田村彬
手塚和幸
長尾亮
長坂知佳
中村和己

中山聖津子
中山典秋
野本弘文
畑谷広治
花岡恵子
花見陽一
林宏行
福田雪穂
藤原明彦
堀内剛
堀内律男
堀江正博
増田千春
増田芽衣
松澤俊郎
松澤正登
松田貞盛
松本淳英
丸山哲治
宮入貞嘉

宮澤和宏
宮澤俊博
宮下美和
宮下奈々
宮原岳子
村上直子
山口長子
山口隆太
山﨑唯吹
山﨑龍磨
山本隆昭
湯本憲正
横沢亮二
依田哲也
若林崇弘
若林典博
若林益雄
涌井史郎
渡辺透
渡邉裕子

参考・引用文献

『大倉山論集』第69輯　「鉄道王・教育者の五島慶太を通してみる「人と人生」」……………重永睦夫／大倉精神文化研究所、2023

『わが鐵路、長大なり東急・五島慶太の生涯』……………北原遼三郎／現代書館、2008

『七十年の人生』……………五島慶太／要書房、1953

『五島慶太の追想』……………五島慶太伝記並びに追想録編集委員会、1960

『事業をいかす人』……………五島慶太／有紀書房、1958

『もう一人の五島慶太伝』……………太田次男／勉誠出版、2000

『五島慶太伝』……………三鬼陽之助／東洋書館、1954

『熱誠』……………学校法人五島育英会、2013

『五島慶太伝 東京都市大学グループの祖・五島慶太の立志伝』……………文・重永睦夫／学校法人五島育英会、2014

『青木村誌 歴史編上』……………青木村誌刊行会、1994

『青木村誌 歴史編下』……………………………………………………青木村誌刊行会、1992
『青木村誌 自然編』………………………………………………青木村誌刊行会、1993
『信州の人脈 上』……………………………………………信濃毎日新聞社編、1966
『長野県上田高等学校史 草創編』……………………社団法人上田高等学校同窓会、1980
『深志人物誌』………………………………………………松本深志高等学校同窓会、1987
『清和』第4巻第7号「我が半生の体験を語る」……五島慶太／東京横浜電鉄株式会社、1937
『信濃』第74巻第11号「五島慶太の文化事業」……菊入三樹夫・上條泰子／信濃史学会、2022
『月刊ニューズレター現代の大学問題を視野に入れた教育史研究を求めて』第40号………
……月刊ニューズレター現代の大学問題を視野に入れた教育史研究を求めて編集委員会／2018
『義民・反骨・自立の青木村を歩こう』……………………上田小県近現代史研究会、2009
『青木村義民史 反骨の群像』…………………青木村・青木村教育委員会 清水利益、2004
『創立三十五週年記念誌』……………………………………松本中学校三十五周年記念会、1919
『長野県松本中学校、長野県松本深志高校九十年史』…………松本深志高等学校同窓会、1969
『長野県長野中学校創立二十五年記念帖』………………………長野県立長野中学校 編、1924
『大人になることのむずかしさ』………………………………………河合隼雄／岩波書店、1996

『筑波大学アーカイブズ年報』第４号　「前身校の「学校一覧」にみえる「入学志望者心得」について」
……………………………………………篠塚富士男／筑波大学アーカイブズ、２０２１
『嘉納治五郎の教育と思想』…………………………………長谷川純三／明治書院、１９８１
『明治35年東京遊学案内』……………………………………………………少年園、１９０２
『五島慶太の生い立ち』……………………………………五島育英会／新日本教育協会、１９５８
『百五十年の歩み―信濃毎日新聞』………………………………信濃毎日新聞社、２０２３
『歴史街道』２０２４・９「足利尊氏　天下の逆賊か無私のカリスマか」……………………………
……………………………………………………………森茂暁／ＰＨＰ研究所、２０２４
『郷土史事典長野県』………………………………………小林計一郎／昌平社、１９７９
『小諸なる古城のほとり―島崎藤村と小諸―』……………林勇／（小諸）市立藤村記念館、１９６７
『生きるとは何か』……………………………………………島崎敏樹／岩波書店、１９７４
『精神科医島崎敏樹―人間の学の誕生―』…………………………井原裕／東信堂、２００６
『信州近代の教師群像』……………………………………中村一雄／東京法令出版、１９９２
『千曲川のスケッチ』（ワイド版）……………………………島崎藤村／岩波書店、２００４

「出世をあきらめて本当に良かった…
「左遷続きのダメ社員」だった阪急・小林一三が稀代の経営者と呼ばれるまで」
……栗下直也／PRESIDENT Online、2024／09／18

『私の行き方』……小林一三／阪急電鉄、2000

『自助論』……スマイルズ・竹内均訳／三笠書房、1988

「漱石の日記にも登場　経済人逝去の大ニュースは弥太郎以来　雨宮敬次郎（上）」

……鍋島高明／YAHOO!ニュース、2016・12・2

『東京帝国大学一覧』明治40－41年、明治41－42年、明治42－43年、明治43－44年、明治44－45年
……東京帝国大学／1907－1912

『第二高等学校一覧』明治39－42年……第二高等学校／1906－1909

『人口統計資料集』……国立社会保障・人口問題研究所、2024

『光芒と闇「東急」の創始者 五島慶太怒濤の生涯』……菊池久／経済界、1988

『この国のかたち1,2,3』……司馬遼太郎／文藝春秋、1990、1992

『小林秀雄全作品（11）』「ドストエフスキイの生活」……小林秀雄／新潮社、2003

『モクタス 伝統的日本家屋の可能性』2024年春号……東急建設木造推進部、2024

『日本経済新聞』2024年3月2日「私の履歴書 野本弘文（2）原点回帰」
……日本経済新聞社、2024
『週刊朝日』第101巻第55号「司馬遼太郎が語る日本」
……司馬遼太郎／朝日新聞社、1996
『司馬遼太郎が考えたこと 1―エッセイ1953・10〜1961・10―』
……司馬遼太郎／新潮文庫、2004
『武士道』……新渡戸稲造／PHP研究所、2003
『人間というもの』……司馬遼太郎／PHP研究所、2004
『国家の品格』……藤原正彦／新潮社、2005
「東アジア社会における宗教と精神性」……Pew Research Center、2024
『五島慶太翁生家 実測調査・復元模型制作報告書』……五島育英会東京都市大学、2015
『ゆうわ』201411、201407、201503、201507
……五島育英会、2014-2015
『地方議会人』2021年10月号「村の再生に挑む 企業版ふるさと納税」
……北村政夫／中央文化社、2021

著者紹介

根本《ねもと》 忠一《ただいち》

(Tadaichi NEMOTO)

プロフィール

福島県いわき市生まれ

大学卒業後、民間企業を経て、1988年に(財)日本生産性本部入職。現在、メンタル・ヘルス研究所 特別研究員。専門は、産業メンタルヘルスとカウンセリング。企業・自治体・労働組合を通し、働く人の幸福と組織の活性化のための調査研究を展開し、その成果と課題を講演、研修、執筆活動を通し発信している。

日本産業カウンセラー協会認定シニア産業カウンセラー、国家資格キャリアコンサルタント、平成26年度文部科学省うつ病研究会 委員、日本産業カウンセリング学会 元常任理事、日本家族カウンセリング協会 前理事、一般社団法人 産業保健法学研究会 前理事。

エッセイ「心の医療を託す人」で第13回ＧＥ横河メディカルEssayコンテスト 審査員特別賞 受賞2000、論文「いのちに資する労働組合運動のために」で、ゼンセン同盟第５回山田精吾顕彰会論文コンテスト 入賞 2002、論文「メンタル・ヘルスの指標を用いた組織活性化の試み」2011で全日本能率連盟賞 受賞2012

著作・論文等

「ホワイトカラー問題と企業組織の活力」『現代のエスプリ』No.332「組織の健康」1995 、「企業内教育とカウンセリング・マインド」『産業カウンセリング入門』〔改訂版〕(共著) 2007、連載「たくましくしなやかにともに誇り高く」CO-OP NAVI日本生協連合会2009～2011、単著「今を生き抜く 幸せに働き、喜んで生きるための36章」(コープ出版) 2012、「現場視点でのメンタルヘルス対策の現状と本質的課題」『日本の人事部LEADERS オピニオンリーダー100人が提言』2013、生産性新聞「ストレスチェック制度義務化が問う職場の今」連載2015、「ストレスチェック制度施行と「ポスト医療化」の課題」『日本の人事部LEADERS HRのオピニオンリーダー100人が語る人・組織・経営のプレゼンス』2016、「組織を通して社会貢献する構図を」『安全スタッフ』2018、信濃毎日新聞デジタル連載「語る@信州」2022～、連載「人事が押さえたいメンタルヘルス推進のポイント」日本人材ニュース2023など

慶太伝 立志編

2025年4月18日　第1刷発行

著　者　根本　忠一

発行人　青木村長 北村　政夫

〒386-1601

長野県小県郡青木村大字田沢111番地

電話　0268-49-0111㈹

配本所　信毎書籍出版センター

〒381-0037

長野県長野市西和田1丁目30番3号

電話　026-243-2105

印　刷　中澤印刷株式会社

〒386-0002

長野県上田市住吉1-6

電話　0268-22-0126㈹

ISBN978-4-88411-267-7 C0023

Printed in Japan